Maximilian Emil Wittmann

Cherubini

Maximilian Emil Wittmann

Cherubini

ISBN/EAN: 9783744602136

Hergestellt in Europa, USA, Kanada, Australien, Japan

Cover: Foto ©ninafisch / pixelio.de

Weitere Bücher finden Sie auf **www.hansebooks.com**

Musiker-Biographien.

Achtzehnter Band:
Cherubini.

Von

M. E. Wittmann.

Leipzig.
Verlag von Philipp Reclam jun.

ständige Verzeichnisse der Universal-Bibliothek sind durch jede Buchhandlung stets gratis zu beziehen.

Bis Oktober 1895 sind **3440** Nummern erschienen.
Jedes Werk ist einzeln käuflich. — Preis: 20 Pfennig die Numm
Ein vollständiges Verzeichnis ist durch jede Buchhandlung gratis zu beziehen.

Neueste Erscheinungen:

3405. **Webers Demokrit.** 2. Band: Was ist lächerlich?
3406. **Jugend-Liederbuch.**
3407. **Dramatische Zwiegespräche.** Für das Berufstheater und für die Dilettantenbühne gesammelt und herausgegeben von Carl Friedr. Wittmann. Drittes Bändchen: Musmé. Um einen Kuß. Die beiden Trotzigen.
3408—10. **Georges Ohnet,** Sergius Panin. Roman. Aus dem Französischen übersetzt von A. Tuhten.
3411—13. **Fürst Bismarcks Reden.** Mit verbindender geschichtlicher Darstellung herausgegeben von Philipp Stein. 3. Band: Graf Bismarck, Ministerpräsident u. Bundeskanzler. 1866—1868. Mit Bismarcks Bildnis aus dem Jahre 1868.
3414/15. **Paul de Kock,** Herr Krautkopf sucht seine Frau. Roman. Deutsch von J. Olden.
3416. **Solo-Spiele.** Gesammelt und herausgegeben von Carl Friedr. Wittmann. Sechstes Bändchen: Ahasver. Die Braut. Vor dem Polterabend. Ich heirate nie!
3417. **A. Wahlenberg,** Arme Kleine. Lustspiel in einem Aufzug. Für die deutsche Bühne übersetzt und bearbeitet von Auerbach und Wittmann.
3418—20. **Buddhas Leben u. Wirken.** Nach der chinesischen Bearbeitung von Açvagoshas Buddha-Carita und deren Übersetzung in das Englische durch Samuel Beal in deutsche Verse übertragen von Th. Schultze.
3421—25. Oesterreichische Civilprozeßgesetze. Erste Abteilung. Jurisdiktionsnorm und Civilprozeßordnu Jahre 1895 samt Einführungs Textausgabe mit Hinweisen a. hörige Gesetze und Verordnung sonstigen Anmerkungen und ein führlichen Register. Herausgege Dr. Edmund R. von Herzfeld.
3426—30. **F. A. Mignet,** G. der französischen Revolution 1789 Deutsch von Dr. Friedr. Köhler. Neu bearbeitet und mit Anme versehen von Dr. Robert Geer. einem Plan.
3431/32. **Vrchlický, Jaroslav,** G Ausgewählt und übersetzt von Adler. Mit dem Bildnis des Dichter:
3433. **Erdmann und Hartwig,** sekretär Sr. Durchlaucht. Lust brei Aufzügen.
3434. **Musiker-Biographien.** 18 Cherubini. Von Maxim. Emil W.
3435. **Wagner, O.,** Der stille Berliner Lebensbild mit Gesang Aufzug.
3436. **Staack, J. C.,** Die El Erlenhof. Volksstück aus dem S walde in fünf Aufzügen.
3437. **Bornstein, Arthur,** Der T arzt und andere Humoresken.
3438. **Hebbel, Friedrich,** Dem Trauerspiel in fünf Aufzügen un Vorspiel. Ergänzt und für die bearbeitet von Heinrich Tewele
3439. **Neera,** Die Strafe Er Frei nach dem Italienischen v Siegfried Lederer.
3440. **Peschkau, Emil,** Modern bleme. Ein Zeitbrevier.

Einband-Decken in Ganzleinen zur Universal-Bibliothek (w selben zu Reclam's Miniaturausgaben) ohne Titeldr 9 Größen, für Bände im Umfang von 5, 8, 12, 16, 20, 25, 30, 35 u. 42 Bogen, Stück 30 Pf., durch alle Buchhandlungen zu beziehen.

Musiker-Biographien.

Achtzehnter Band:

Cherubini.

Von

Maximilian Emil Wittmann.

Leipzig.

Druck und Verlag von Philipp Reclam jun.

Luigi Cherubini.

Erster Abschnitt.
(1773—86.)

In einem einfachen Häuschen der Straße Fiesolana zu Florenz erblickte Maria Luigi Carlo Zenobio Salvadore Cherubini in der Frühe des 14. September 1760 das Licht der Welt. Wie bei so vielen berühmten Männern entstanden auch bei ihm über das genaue Datum seiner Geburt langandauernde Streitigkeiten. Cherubini hatte allerdings selbst die Veranlassung dazu gegeben. In einer biographischen Notiz für Chorons „Dictionnaire historique des musiciens" hatte er nämlich den 8. September als seinen Geburtstag bezeichnet: ein Irrtum, den viele Biographen trotz Cherubinis späterer Selbstberichtigung auf dem Titelblatt des Katalogs seiner sämtlichen Werke („Notice des manuscrits autographes de la musique composée par feu M. L. C. Z. S. Cherubini, Paris, 1843") beibehielten. Den Widerspruch der beiden Daten suchte der Franzose Castil-Blaze durch die Annahme zu lösen, daß der 8. September der Geburts-, der 14. der Tauftag sei. Dieser Vermutung steht freilich die italienische Sitte, die Taufe so bald als möglich vornehmen zu lassen, entgegen. Castil-Blaze erklärte also die Verzögerung mit der großen Körperschwäche des jungen Weltbürgers, die eine frühere Vornahme der heiligen Handlung nicht zugelassen habe, ohne zu bedenken, daß er mit dieser Motivierung viel besser eine Beschleunigung hätte begründen können.

Der italienische Biograph Picchianti hat allem Streit dadurch ein Ende gemacht, daß er sich aus den Kirchenbüchern

zwei amtlich beglaubigte Auszüge machen ließ, wonach Che
rubini einen Tag nach seiner Geburt, am 15. Septembe
1760, in der Kapelle Sanct Johannis des Täufers getau
worden ist.

Das Kind war nicht die erste Frucht der Liebe seine
Eltern. In einer Reihe von zwölf Sprößlingen der zehnt
wurde Luigi ein solch reiches Maß von Begabung zu tei
daß er später alle seine Geschwister nicht bloß an Jahren
sondern auch vornehmlich an unsterblichen Thaten weit über
holen sollte. Zur Entwickelung der Fähigkeiten, die ihm di
gütige Natur in die Wiege gelegt hatte, war sein Elternhau
glücklicherweise der günstigste Boden. Seine Eltern, beid
geborene Florentiner, waren Bartolomeo Cherubini und Ver
diana, geborene Bosi. Der Vater hatte die Stellung eine
Klavierbegleiters am Pergolatheater zu Florenz inne und de
der Kunst geweihte Beruf des Vaters konnte den früherwa
chenden Neigungen des begabten lebhaften Knaben nur för
derlich sein.

Wir müssen deshalb nicht gleich, was die ausschmückend
Überlieferung erzählt, ernst nehmen, daß nämlich der Knab
schon in der Wiege Dissonanzen unterschieden, oder daß e
mit drei Jahren schon herrlich gesungen habe. Es ist früh
genug, wenn der kleine Luigi in seinem sechsten Lebensjah
sich ernstlich den musikalischen Studien widmete. „Mit sech
Jahren begann ich Musik zu studieren", erzählt Cherubin
in der seinem Katalog vorangestellten kurzen Selbstbiographie
„Den ersten Unterricht erhielt ich von meinem Vater, Bar
tolomeo Cherubini, Professor der Musik. Meine beiden er
sten Lehrer in der Komposition waren Bartolomeo Felici und
sein Sohn Alexander Felici. Nach deren Tod erhielt ich bei
Pietro Bizzarri und Giuseppe Castrucci Unterricht."

Die Art der Einführung in eine Kunst oder Wissenschaft
pflegt gewöhnlich von der größten Bedeutung für die spätere
Entwicklung des Schülers zu sein. So wurde auch für Che=
rubini der Ernst und die Umständlichkeit, mit der ihn sein

Vater, ein strenger Anhänger der alten Schule, in die Geheimnisse der Tonkunst einweihte, insofern von Nutzen, als er gleich von vornherein an eine ernste und gewissenhafte Auffassung seines Berufs gewöhnt wurde. Schon nach drei Jahren, in seinem neunten Lebensjahr also, hatte er sich unter der väterlichen Leitung ein rühmenswertes Geschick im Solfeggieren, im Klavierspiel und der Begleitung mit beziffertem Baß erworben. Daneben hatte der begabte Knabe auch noch Zeit gefunden, sich im Violinspiel auszubilden. Eines Tages hatte er nämlich im elterlichen Hause eine alte wertlose Violine aufgestöbert und widmete freudig eine Anzahl seiner Mußestunden der Beschäftigung mit diesem Instrument. Bald hatte er es durch Selbstunterricht so weit gebracht, daß, als eines Abends ein Violinist am Pergolatheater krankheitshalber ausblieb, der kleine Luigi unerschrocken am Notenpult Platz nahm und die Partie wacker zu Ende führte. Eine anfängliche erklärliche Beklommenheit war alles, was der Dirigent des Orchesters am kleinen Künstler auszusetzen hatte.

Bei dem gewissenhaften Charakter seines Vaters war es selbstverständlich, daß Luigi auch ein guter Schulunterricht neben seiner musikalischen Ausbildung zu teil wurde.

Im Alter von neun Jahren, erzählt Cherubini des Weiteren über letztere, wurden ihm von seinem Vater der berühmte Bartolomeo Felici und dessen gleichfalls bedeutender Sohn Alexander zu Lehrern in der Komposition gegeben. Es ist bezeichnend für den außerordentlichen Scharfsinn und die glückliche Begabung des jugendlichen Künstlers, wenn wir sehen, wie er, noch ein Kind, unter ihrer Leitung seine kontrapunktistischen Studien in der kurzen Zeit von vier Jahren beendete. Ein Studium, das um so mühsamer und schwieriger war, als es zu jener Zeit noch nicht nach wissenschaftlicher Methode betrieben wurde, sondern in der Aneignung zahlloser, für Einzelfälle gültiger Regeln und deren mannigfachen Ausnahmen bestand. Und doch ist, wie Picchianti mit Recht betont, der Gewinn, den Cherubini für seine künstlerische Individualität aus jenen trockenen Studien zog, das Bemerkenswerteste an dieser Periode. Jene geradezu klassische Färbung, die alle seine Kompositionen auszeichnet, war die kostbarste Frucht seines Studiums im Stil der alten Schule.

Nachdem er den Unterricht der beiden Felicis genossen, begann Cherubini im Alter von dreizehn Jahren zu komponieren und zwar führt sein Katalog unter dem Jahre 1773 eine vierstimmige Messe und ein für das Florentiner Theater „de société" komponiertes Intermezzo auf. Namentlich durch die Messe war sein Vater so befriedigt, daß er sie öfter selbst zur Aufführung brachte.

Neben seinen ersten Kompositionsversuchen arbeitete Cherubini eifrig an seiner tieferen musikalischen Ausbildung weiter. Vor allem suchte er sich auch genaue Kenntnis der menschlichen Stimmmittel zu verschaffen und nahm selbst bei Pietro Pizzarri Gesangsunterricht, während er sich unter Giuseppe Castrucci im Pianoforte- und Orgelspiel noch weiter vervollkommnete. Bei so trefflicher Anleitung errang er mit seinen ferneren Kompositionen Beifall und Anerkennung. Leider ist der größere Teil der Manuskripte von Cherubinis Jugendschöpfungen aus den Jahren 1773—77 verloren gegangen.

Daß sich aber in ihnen die seltene Begabung des jugendlichen Komponisten schon deutlich offenbarte und berechtigtes Aufsehen in der Öffentlichkeit erregte, beweist der Umstand, daß der damalige Großherzog Peter Leopold von Toskana, der spätere deutsche Kaiser Leopold II., auf Cherubini aufmerksam wurde und ihm eine thatkräftige Förderung zu teil werden ließ.

Der junge Genius hatte schon begonnen, seine Schwingen zu regen, er fühlte sie wachsen und erstarken. Luigi wollte hinaus in die Welt, ganz Italien wollte er bereisen. Von Angesicht zu Angesicht wollte er die berühmtesten Meister

seiner Kunst sehen. Zu ihren Füßen wollte er ihren Har=
monien und Lehren lauschen und neue Vollkommenheit,
größeres Wissen erringen. Aber woher hätte sein mit so
zahlreicher Familie gesegneter Vater die Mittel nehmen sol=
len, seinem eifrigen begabten Sohn diesen Lieblingswunsch
zu erfüllen? Da war es der kunstsinnige freigebige Groß=
herzog von Toskana, der sich erbot, die Kosten für die Fort=
setzung und Vollendung Cherubinis musikalischer Studien
in Bologna zu tragen. Wer war glücklicher als der nun=
mehr siebzehnjährige Luigi? In Bologna lehrte der in ganz
Italien hochberühmte Giuseppe Sarti und seinen Unterricht
durfte er jetzt genießen. Es dauerte nicht lange und er war,
dank seiner schnellen Auffassungsgabe, Sartis Lieblingsschü=
ler geworden. Vor allem suchte ihm der Meister den idea=
len reinen Stil Palestrinas zu eigen zu machen und ließ
ihn eine Reihe von mehrstimmigen Antiphonieen in diesem
Stil komponieren. Um Cherubini in die dramatische Ton=
kunst einzuführen, übergab er ihm einige minder wichtige
Arien und Recitative in seinen Opern zur Komposition. Da=
durch pflegte Sarti seine Schüler öfters, unter dem Schutze
seines klangvollen Namens, für ein öffentliches und selbst=
ständiges Wirken vorzubereiten und anzufeuern. Man er=
zählt, daß manche Perle in Sartis Opern der Mitar=
beiterschaft seines ungenannten genialen Schülers Cheru=
bini entstammt. So verlebte Cherubini unter Leitung Sar=
tis noch drei Jahre unausgesetzten Studiums, ein Beweis
von dem Ernst, mit dem er seinen Beruf auffaßte und ver=
folgte.

Im Jahre 1779 war er dem Meister nach Mailand ge=
folgt, wohin Sarti an des verstorbenen Fioroni Stelle zur
Leitung der Domkapelle berufen worden war. Cherubini kom=
ponierte daselbst im folgenden Jahre eine Sonate für zwei
Orgeln und war nun nach elfjähriger rastloser eifriger Ar=
beit am Ende seines Studiums angelangt. Für heutige
Verhältnisse könnte einem diese Zeit, insonderheit bei den ge=

nialen Anlagen eines Cherubini, ungewöhnlich lange dünken, aber man muß sich nur vorstellen, welch langwieriger Prozeß eine musikalische Ausbildung in Italien um die Mitte des vorigen Jahrhunderts war. Eine Methode der Analyse gab es nicht, die Autorität der Schule war in allen Dingen maßgebend. Nach ihren feststehenden Regeln wurde gearbeitet und Aufgabe des Schülers war es, sich durch langjährige Übung eine genaue Kenntnis derselben anzueignen. Wenn er nur das „Wie" wußte, das „Warum" war Nebensache. Die Folgen einer solchen Ausbildung zeigten sich auch bei einem so genialen Musiker wie Cherubini, indem ihm später in seiner Lehrthätigkeit die Fähigkeit zu analysieren fast völlig abging.

Der erste selbständige Schritt in die Welt, den Cherubini im Sommer 1780 unternahm, wurde ihm durch seinen Lehrer vermittelt. Sarti hatte ihm den Auftrag verschafft, für das südöstlich von Mailand im Fürstentum Piemont belegene Alessandria eine Oper zu komponieren und Cherubini brachte zur dortigen Herbstmesse seine erste dramatische Schöpfung: „Il quinto Fabio", Oper in drei Akten, zur Aufführung. „Das ist meine erste Oper; ich war damals über neunzehn Jahre alt", bemerkt der Komponist in seinem selbstverfaßten Katalog. Wenn auch seinem Erstlingswerk eine ehrenvolle Aufnahme zu teil ward, so scheint es doch keinen durchschlagenden Erfolg errungen zu haben, denn wir sehen den jungen Künstler nach Mailand zu seinem geliebten Freund und Lehrer Sarti zurückkehren, wo er sich wieder damit beschäftigte, mehrere Arien zu komponieren. Das Manuskript einer für den berühmten Sänger Marchesi verfaßten Motette ist leider verloren gegangen; doch besitzen wir aus demselben Jahre 1781 noch eine für zwei Chöre und zwei Orgeln unter dem Titel: „Nemo gaudeat".

Eben begann er wieder eine Oper für einen venetianischen Theaterdirektor, als er auf einer Reise nach Venedig seinen Auftraggeber bankerott fand und seine Arbeit schleu=

rigst einstellte. Jetzt erst, mit dem kommenden neuen Jahre
sollte ihn seine Vaterstadt wiedersehen.

Zum Karneval 1782 ließ er in Florenz am Pergola=
theater seine zweite dreiaktige Oper: „Armida" aufführen,
der bald, gleichfalls in drei Aufzügen: „Adriano in Siria"
(„Adrian in Syrien") folgte. Diese seine dritte, für die ita=
lienische Bühne komponierte Oper diente im Mai 1782 als
Festvorstellung zur Eröffnung des neuen Theaters in Livorno.

Als Cherubini ein halbes Jahrhundert später die Parti=
turen dieser beiden Erstlingswerke (auf dessen Bitte) an Fer=
dinand Hiller schickte, schrieb er dazu: „Ich fürchte, diese
Partituren werden Ihnen nicht viel Unterhaltung bieten,
denn es sind die Produktionen eines jungen Mannes, der
sozusagen von der Schulbank kam, im Stile nach der Mode
jener Zeit geschrieben". Und Hiller fand in der That nichts,
was sich wesentlich über den im vorigen Jahrhundert üb=
lichen Stil erhoben hätte. Dennoch zeigte sich auch schon in
diesem Gewande die Eigenart des Künstlers, sein tiefer, fast
schwermütiger Ernst, seine feste sichere Kürze. Man merkte
sofort, der jugendliche Meister stellte große Anforderungen
an sich und seine Hörer. Diese Töne waren den an leichte
tändelnde Melodieen gewöhnten Italienern etwas völlig Neues,
nie Vernommenes. Man war erstaunt, plötzlich aufgeschreckt
aus dem sanften Schlummer einschmeichelnder Melodieen.
Aber ein Urteil mußte man doch fällen und man fand diese
Musik „zu gelehrt". Aber bei allem anfänglichen Nichtver=
stehen ahnte und fühlte man doch bald, daß sich hier ein
höherer großer Geist rege, der unbeirrt seine eigenen Bah=
nen wandeln werde. Das beweist der stetig wachsende Ruf
des jungen Tonsetzers.

Während des Jahres 1782 komponierte er noch die drei=
aktige Oper: „Il Messenzio" („Der Messenier"), die am
3. September 1782 in Florenz mit Erfolg zur Aufführung
kam. Daneben hatte er noch eine Reihe kleinerer Gesangs=
stücke, zehn zweistimmige Notturni, zwei Einlagearien für die

Sänger Crescentini und Babini, mehrere Soli und Duett geschaffen. Mit der einzigen Ausnahme von 1816 war dieses Jahr das ergiebigste im Schaffen des Künstlers gewesen

Im Januar 1783 finden wir ihn in Rom, wo er eine Umarbeitung des „Quinto Fabio" für das dortige Argentinatheater vornimmt.

Auf mehrere nach seiner Rückkehr nach Florenz geschriebene Arien und das fünfstimmige Madrigal „Ninfa crudele („Die grausame Nymphe") folgt die im Herbst 1783 zu Venedig komponierte und aufgeführte zweiaktige Opera buffa „Lo sposo di tre, marito di nessuna" („Dreimal verlobt"). Zur Komposition des erwähnten Kanons „Ninf crudele" war Cherubini durch die Eifersucht mehrerer Kollegen veranlaßt worden, die, thöricht genug, seine theoretischen Kenntnisse in Zweifel zogen. Cherubini unterwarf sic der gestellten Aufgabe und löste sie so glänzend, daß er damit seinen Namen neben die ersten Theoretiker seiner Zeit stellte. Auch die in Venedig im St. Samuelstheater zu Aufführung gelangte Oper: „Lo sposo di tre" hatte solcher Erfolg, daß der „Indice Teatrale" für das Jahr 1784 in schmeichelhaftester Anerkennung vorschlug, den jungen Meister, weniger in Anspielung auf seinen Namen, als auf seine herrliche Musik „il cherubino" („Erzengel") zu nennen Eine persönliche Anmerkung im Katalog des Meisters ist für seine auch in seiner Vaterstadt wachsende Beliebtheit bezeichnend: Um die große Menge anzuziehen, hatten die Florentiner Jesuiten in ihrer Kirche ein aus Teilen von Cherubinis Opern zusammengesetztes Oratorium aufgeführt und dazu mußte ihnen der beliebte Künstler zu Anfang des Jahres 1784 noch zwei neue Chöre hinzukomponieren.

Gleich darauf schrieb Cherubini das letzte Werk für seine Vaterstadt Florenz, die zweiaktige Oper: „L'Idalide" („Die idalische Venus"), der schon im Frühling die zu Mantua aufgeführte Oper: „L'Alessandro nell' Indie" („Alexander in Indien") folgte.

Von Mantua begab sich Cherubini nach Mailand, um [se]inen hochverehrten Lehrer Sarti wiederzusehen und dessen [be]währte Schule noch für kurze Zeit zu genießen. Bei dieser [Ge]legenheit soll er mehrere Fragmente religiöser Musik für [S]arti komponiert haben. Als sich Sarti im Herbste 1784 [na]ch Rußland begab, verschaffte er durch seine Beziehungen [se]inem Schüler eine Einladung nach London, der dieser un= [ve]rzüglich Folge leistete. In England erfreute sich näm= [lic]h die italienische Oper nach Händels Tode wieder so [gr]oßer Beliebtheit, daß einheimische Talente mit ihren Pro= [du]kten daneben gar nicht aufkommen konnten. Auf der [D]urchreise lernte er in Paris Viotti kennen, mit dem ihn [b]ald das innigste Freundschaftsverhältnis verbinden sollte. [I]n London schrieb er zuerst vier Stücke für ein Pasticcio [(O]per, zusammengestellt aus Arien älterer und neuerer [W]erke verschiedener Komponisten) „Demetrius" und noch [z]wei andere Nummern und ließ dann im Jahre 1785 [ei]ne zweiaktige komische Oper „La finta principessa" [(„]Die falsche Prinzessin") auf dem Haymarkettheater auf= [fü]hren, die einen entschiedenen Erfolg zu verzeichnen hatte. [B]ald hatte Cherubini Zutritt zu den höchsten Kreisen ge= [fu]nden und wurde deren erklärter Liebling. Der damalige [Pr]inz von Wales, spätere Georg IV., der Cherubinis Ta= [len]t und schöne Stimme bewunderte, zog ihn zu seinen [pri]vaten Liebhaberkonzerten hinzu und ganz besonders war der [Kü]nstler auf den Festen Wilhelms IV., Herzogs von Queens= [ber]ry, gefeiert. Man übertrug ihm die Leitung des philhar= [mo]nischen Orchesters, wo er mehrfach Paisiellos Musik diri= [gi]erte, für dessen Oper: „Il Marchese di Tulipano" er [au]ch sechs sehr melodiöse Arien schrieb. Doch bald nahte [auch] sein Aufenthalt in der englischen Metropole seinem Ende. [De]r Mißerfolg seiner 1786 ebenfalls auf dem Haymarket= [the]ater zur Aufführung gelangten zweiaktigen Oper: „Il [G]iulio Sabino" („Der sabinische Sommer"), der hauptsäch= [lic]h dadurch herbeigeführt worden sein soll, daß die mit den

erſten Partieen betrauten Künſtler dem Werke ihre Unter=
ſtützung verſagten, bewog den Komponiſten, ſchon im Juli
1786 England den Rücken zu kehren.

Er ſelbſt ſchreibt: „Ich verließ England ungefähr im
Juli dieſes Jahres (1786). Ich kam, begleitet vom Sänger
Babini, nach Paris und nahm daſelbſt Aufenthalt."

Zweiter Abſchnitt.
(1786—1814.)

Cherubini war jetzt an einem Wendepunkt ſeines Lebens
angekommen. Und wie ſo oft im Leben waren es auch bei
ihm äußere fremde Einwirkungen, die ihn beſtimmten, den
für ſeinen Genius allein richtigen Weg einzuſchlagen. Der
Meiſter hatte ſich vorgenommen, geraden Wegs aus dem
kalten Norden in ſein ſonniges Vaterland zurückzueilen, als
ihm in Paris ſein Freund Viotti die franzöſiſche Hauptſtadt
ſo überzeugend und eindringlich als das einzig würdige und
erſprießliche Feld ſeiner künſtleriſchen Wirkſamkeit darſtellte,
daß er ſich überreden ließ, und in Paris ſein Heim auf=
ſchlug. Es war das der erſte Schritt zu ſeiner ſpäteren
glänzenden Laufbahn.

Viotti beeilte ſich, ſeinen Freund in den maßgebenden
Kreiſen einzuführen. Zunächſt ſtellte er ihn der Königin
Marie Antoinette vor, die ihn auf ihren Hofkonzerten in
Verſailles konzertieren ließ und an dem ſelbſtbewußten über=
legenen Auftreten des nun achtundzwanzigjährigen Meiſters
offenbar Gefallen fand. Nach der Einführung bei Hofe machte
ihn Viotti mit den höchſten Adelskreiſen bekannt und bei dieſer
Gelegenheit lernte Cherubini unter anderen auch die Schrift=
ſteller und Dichter Florian und Marmontel kennen. Auch
in die „Société Académique des Enfants d'Apollon"
führte Viotti den Freund ein und in dieſer Geſellſchaft
ſollte Cherubini bald eine Anregung finden, die für ſein
ganzes künftiges Schaffen von höchſter Bedeutung wurde.

Cherubini hatte in der ersten Zeit seines Pariser Aufenthaltes (1786) eigentlich nur wenig geschrieben. Zunächst eine große Kantate für ein Konzert der „Olympischen Loge", die aber nie zur Aufführung kam. Ihr waren achtzehn Romanzen gefolgt, die er für Florians Dichtung „Estella" komponiert hatte — und zwar in England, wohin er sich noch einmal begeben hatte, um seinen Verpflichtungen als „Königsmusiker" für das Jahr 1787 zu genügen.

Nach seiner Rückkehr nach Paris zog Cherubini mit seinem vertrauten Freund Viotti zusammen. Doch kurze Zeit darauf führte ihn im Frühjahr 1788 seine nächste musikalische Schöpfung wieder aus Paris fort, zurück in sein Vaterland. Auf seiner Reise nach London im Herbst 1784 hatte er nämlich den Turinern versprochen, ihnen bei seiner Rückkehr eine Oper zu komponieren. Um dieses Versprechen zu erfüllen, begab sich Cherubini zum Karneval 1788 von Paris nach Turin und schrieb seine mit größtem Beifall aufgenommene dreiaktige Oper: „Ifigenia in Aulide" („Iphigenie in Aulis"), die von Turin aus einen Siegeszug über die Bühnen Mailands, Parmas und Florenz' unternahm.

„Ifigenia" war das letzte Werk, das Cherubini in Italien schrieb; es war der Abschiedsgesang, den der Tondichter seinem Vaterlande widmete. Ihn zog es mit aller Macht nach Paris zurück, wo seinem musikalischen Empfinden eine ganz neue Welt aufgegangen war. Es war an einem jener der Musik geweihten Abende der oben erwähnten „Société Académique des Enfants d'Apollon" in Paris gewesen, als Cherubini zum erstenmal eine Haydnsche Simphonie hörte. Sofort erkannte der jugendliche Meister in diesen Tönen die der seinen verwandte Seele, Thränen tiefster innerlicher Erregung traten ihm ins Auge und noch an demselben Abend begann er die Werke des deutschen Komponisten zu studieren.

Schon in Cherubinis nächstem Werke, das er nach seiner Rückkehr aus Turin beendigte, sollte sich der fremde Einfluß, der mit Macht sein ganzes Wesen erfaßt hatte, zeigen — freilich noch mit wenig Erfolg. Auf Marmontels Betreiben hatte ihm die Leitung der großen Oper dessen Dichtung „Démophon" zum Komponieren übergeben. Das Werk war vorher schon einem anderen, dem Pariser Publikum durch sein „Toison d'or" bereits bekannten Komponisten Johann Christoph Vogel übertragen worden, aber da bei dem immer stärker werdenden Hang zum Trunk seitens dieses Künstlers an eine Beendigung nicht zu denken war, hatte Marmontel begierig die Gelegenheit ergriffen, sein Werk durch Cherubini der Nachwelt zu sichern. Leider war das Libretto nicht der Art, daß es den, wie oben angedeutet, in einem Übergangsstadium seines Genius befindlichen Künstler, der mit der Einrichtung der französischen Bühne noch wenig vertraut war und überdies noch mit den Schwierigkeiten der französischen Sprache in Rhythmus und Stil zu kämpfen hatte, zu etwas Großem hätte begeistern können.

Dazu kam nun noch, daß sich Vogel, als ihm Marmontels Libretto entzogen wurde, aufgerafft und seine Komposition unter Benutzung der gleichnamigen Dichtung Desriauxs kurz vor seinem Tode (28. Juni 1788) zu Ende geführt hatte. Desriauxs Buch besaß entschieden höheren Wert als Marmontels, und Vogels Anhänger, die es Cherubini nicht verzeihen konnten, daß er mit allem Nachdruck zum 5. Dezember 1788 die Erstaufführung für sein Werk in Anspruch genommen und durchgesetzt hatte, suchten mit Geräusch und Reklame der Oper ihres Lieblings eine günstige Aufnahme zu verschaffen. Aber weder die eine noch die andere Oper hatte Erfolg.

Wieder war es nun Viotti, der auf die nächstfolgende Wirksamkeit Cherubinis von entscheidender Bedeutung sein sollte.

Im Jahre 1789 erhielt nämlich Léonard, der Friseur der Königin Marie Antoinette, durch deren Einfluß die Erlaubnis, eine italienische Oper einzurichten und sandte Viotti mit dem Auftrag nach Italien, dort die besten Sangeskräfte zu engagieren. Viotti entledigte sich dieses Auftrags aufs beste und verstand es zugleich, seinem Freunde Cherubini die Direktion des neuen Opernunternehmens zuzuwenden. Mit solchem Eifer kam Cherubini den Pflichten seiner neuen Stellung nach, daß seine Freunde für seine Gesundheit zu fürchten begannen. Nicht nur, daß er die Opern mit seinen Künstlern aufs Sorgfältigste einstudierte, suchte er auch noch den Effekt durch selbstkomponierte Einlagen zu steigern und zu heben; siebenunddreißig beifällig aufgenommene Nummern verdanken dieser Zeit rastloser Arbeit ihre Entstehung. Sie waren alle noch im graziösen eleganten und leichten melodiösen Stil Paisiellos und Cimarosas geschrieben; ein Stil, den Cherubini mit seltener Meisterschaft beherrschte und dem er auch seine Popularität verdankte. Aber schon zeigte sich auch in anderen Kompositionen der Einfluß des Studiums der deutschen Meister Gluck und Mozart in der stärkeren Betonung der Harmonie, in der sorgfältigeren und reicheren Instrumentation. Seine völlig neuen überraschenden rhythmischen Tonverbindungen, sowie die sorgfältig berechnende meisterliche Ausnutzung der menschlichen Stimmmittel brachten so glänzende Wirkungen hervor, daß man Cherubini den Schöpfer der „Effektmusik" nannte. Und in der That ist die moderne Richtung in der Komposition auf ihn zurückzuführen.

Eine im Jahre 1790 für Ludwig XVI. begonnene Oper: „Marguerite d'Anjou" ließ die Schreckenszeit der Revolution nicht zur Vollendung kommen. Denn auch Cherubini hatte unter diesen Stürmen zu leiden; seine aristokratischen Gönner waren in alle Winde zerstoben und der Meister, von je aller Politik abhold, zog sich völlig zurück und verbrachte seine meiste Zeit mit Zeichnen, Musizieren und botanischen Studien. Seine früh erworbene Fähigkeit, die Violine zu spielen, mußte ihm nun seinen Lebensunterhalt verdienen. Auf einem Ausgang aber fiel er doch einmal einem Haufen Sansculotten in die Hände, die ihn aufforderten, ihre wüsten Gesänge mit seiner Musik zu begleiten Cherubini weigerte sich und schon wurde die Situation gefahrdrohend, als ihm ein besonnener Freund rasch ein Violine in die Hand drückte und spielend mit ihm der Rott voranzog. Erst der späte Abend erlöste die beiden Künstle von ihrer aufgezwungenen Pflicht. Auch in die National garde wurde der widerstrebende Meister gesteckt. Gern wär auch er diesen Wirren entflohen, wenn ihn nicht sein Vertrag an die „Italienische Oper" gefesselt hätte; zudem wa die Überwachung aller Reisenden sehr streng und seine Mittel knapp. Auch zartere Bande hielten ihn noch in Paris Er hatte sich mit der schönen talentvollen Cécile Tourette der Tochter eines früheren königlichen Kammermusikus, verlobt. So blieb er denn in Paris, ohne sich freilich ernster Kompositionsarbeit hingeben zu können.

Zweiundeinhalb Jahre waren verstrichen, bis wieder ei größeres und zwar ein Meisterwerk Cherubinis über di Bretter ging. Am 18. Juli 1791 wurde seine dreiaktig heroische Oper „Lodoïska" auf dem „Feydeautheater" zur erstenmal aufgeführt. Der Erfolg war ein außerordentlicher Das grandiose Trauerspiel, voller Blut und Entsetzen, da sich eben vor Cherubinis Augen auf der Weltbühne ab spielte, hatte ihm einen Begriff von wahrer dramatische Wucht und Größe gegeben. Das war wirklich ein drama tisches Werk: ein großer Rahmen, bewegte Volksmasse Musik voller Feuer und Leidenschaft, massig wirkende Chör scharf pointierter Rhythmus und brillante Instrumentatio Das war etwas völlig Neues und die Wirkung auf die all gemeine Kunstrichtung war eine derartige, daß man de Meister mit Recht den Gründer der modernen französische Oper nennt. „Lodoïska", die die altbeliebten italienische Opern mit einem Schlage der Vergessenheit anheimfalle ließ, erlebte im ersten Jahr zweihundert Aufführunger Eine vierzehn Tage später im Theater „Favart" zur erste

Aufführung kommende gleichnamige Oper von Rodolphe Kreutzer vermochte es nicht, sich dem Meisterwerke Cherubinis gegenüber zu halten. Doch fehlte es auch nicht an Opposition. Man nannte Cherubini und seine Schüler, wegen der principmäßigen sorgfältigen und systematischen Ausarbeitung ihrer musikalischen Ideen: „mathematische Komponisten". Man wollte ihm die Originalität abstreiten. Welchem großen Künstler wäre es nicht ähnlich ergangen? Cherubinis Verkleinerer eiferten vergeblich. Der Geschmack war einmal gegen die italienische Richtung und sie sollte von nun an auch nie wieder zur Herrschaft gelangen. Von Paris aus setzte die Oper ihren Siegeszug durch Deutschland fort und das beste Zeugnis für ihren durchschlagenden Erfolg ist das einstimmige Urteil jener Tage, daß „Lodoïska" gekommen sei, um die Welt über Mozarts frühzeitigen Tod zu trösten. Freilich hat sich bis heute nur die Ouverture jener damals epochemachenden Oper erhalten; aber sie zählt auch zu den Meisterwerken der klassischen Orchesterlitteratur und ist heute noch eine Zierde unserer Konzertprogramme.

Unterdessen hatten sich die politischen Verhältnisse immer mehr zugespitzt, so daß es im Jahre 1792 zur vollständigen Auflösung der „italienischen Oper" kam. Viotti floh in Verzweiflung nach England. Cherubini finden wir, als die Schrecken des Jahres 1793 in Paris wüteten und der König das Schafott besteigen mußte, in La Chartreuse de Gaillon, in der Nähe von Rouen. Dort besaß einer seiner Freunde, der Architekt Louis, ein ehemaliges Kartäuserkloster, das er sich zu einem Landsitze eingerichtet hatte und Cherubini war sein Gast. Hier ließ er in sicherer ländlicher Ruhe und Abgeschiedenheit die Revolutionsstürme vorüberbrausen und komponierte außer den Duetten „la liberté, et la palinodie à Nice, canzoni di Metastasio" eine unvollendet gebliebene Oper „Koukourgi", deren Bruchstück er später den Opern „Ali Baba" und „Faniska" einverleibt haben soll.

Auch verdankt die zweiaktige Oper „Elisa", Text von Saint-Cyr, dieser Zeit ihre Entstehung. Er schrieb sie, als er die Nachricht vom Tode seines Vaters erhielt und ihre Aufführung veranlaßte ihn, auch gegen Ende des Jahres 1794 nach Paris zurückzukehren. „Elisa" gelangte am 13. Dezember 1794 am „Feydeautheater" zur ersten Aufführung. Die Kritik nannte die Oper „zu gelehrt, zu deutsch", was allerdings schon in den Augen vieler einen Vorzug bedeutete. Daß sich die Oper nicht halten konnte, wird aber hauptsächlich dem völlig wertlosen Buche zugeschrieben. Auch hatte der Komponist in ihr eine Ausnahme von seinem Kompositionsstil gemacht, indem er, beeinflußt und niedergedrückt durch den Verlust seines Vaters, mehr die Töne des Herzens und inniger Empfindung anschlug, als Funken seines glühenden Geistes sprühen ließ. Das Publikum lehnte das Werk ab. Die Freunde Wagnerscher Leitmotive wird es interessieren, in dieser Oper die erste bescheidene Anwendung derselben zu finden.

1795 führte Cherubini seine geliebte Braut Cécile Tourette heim. Dieser große, im Leben so manches bedeutenden Mannes mißglückte „Wurf" gelang ihm. Er hatte eine treue verständnisvolle Lebensgefährtin an seinem Weibe gefunden. Drei Kinder entsprangen dieser glücklichen Verbindung: ein Sohn Salvator, der sich einen Namen als Künstler erwarb und kurz vor Ausbruch des deutsch-französischen Kriegs als Inspektor der „beaux arts" starb; und zwei Töchter, Victoire und Zénobie. Die jüngere, Zénobie, ward das Weib des berühmten Hippolyte Rossellini.

1796 ward Cherubini nebst vier anderen zum Inspektor an dem im August 1795 gegründeten Konservatorium der Musik ernannt. Er begann nun eine Reihe von Solfeggis zu schreiben, deren Manuskripte sich noch in der Bibliothek des Konservatoriums befinden. Neben Gossec und Méhul war er als Lehrer im Kontrapunkt thätig. Zu seinen Schülern gehörten Batton, Boieldieu, Auber, Halévy, Berton, Ca-

rafa und Leborne, von denen Batton im Jahre 1817 den
großen vom Konservatorium ausgesetzten Kompositionspreis
davontrug, während ihn Halévy — durch fünf Jahre Che=
rubinis Schüler — im Jahre 1819 und Leborne 1820 er=
warb. Der Umstand, daß Cherubini mit seiner Ernennung
Staatsbeamter geworden war, veranlaßte ihn, seine acht
republikanischen Hymnen zu schreiben. Man hat ihm seine
außerordentliche politische Wandlungsfähigkeit oft zum Vor=
wurf gemacht, ihn beschuldigt, daß er, der alte Günstling
Marie Antoinettes, bei einer musikalischen Feier, die zur
Verherrlichung des Todestags des sechzehnten Ludwig ab=
gehalten wurde, den Vorsitz führte. Das letztere ist jeden=
falls historisch nicht erwiesen.

Was die republikanischen Hymnen anbelangt, so muß
man bedenken, daß schon der herrschende Zeitgeist dem Kom=
ponisten mit Melodien patriotischer Gesänge geradezu in=
spirieren mußte und daß er sie niederschrieb, ist jedenfalls
an ihm, dem Fremdling, weniger zu tadeln, als an seinen
zeitgenössischen französischen Kollegen, die dasselbe thaten.
Er selbst sagt davon nur: „Diese Stücke, deren genaues
Datum ich nicht mehr habe, wurden von mir zu verschie=
denen Zeiten der Revolution in den Jahren 1795—98
komponiert."

Wieder waren zwei Jahre vergangen, bis eine neue Oper
Cherubinis erschien, zu der „Lodoïska" und „Elisa" nur
Vorbereitung gewesen waren. Es war die dreiaktige Oper:
„Médée" („Medea"), die ernsteste aller Schöpfungen Che=
rubinis. Schade, daß wieder der Librettist Hoffmann nicht
eine Schuldigkeit gethan hatte, sie wäre vielleicht heute noch
jedermann bekannt. Allerdings liegt noch ein anderer Grund
vor, auf den wir gleich zu sprechen kommen werden. Am
13. März 1797 kam die Oper am „Feydeautheater" zur er=
sten Aufführung. Es ist die gewaltigste Schöpfung, die Che=
rubinis Genius hervorbrachte. Den ersten Aktschluß hat man
ein Wunder der Musik genannt; er sei in der Oper, was

in der Tragödie Lears erschütternde Auftritte seien. Und trotz der Höhe, die das leidenschaftlich erregte Duett zwischen Jason und Medea im zweiten Aufzug erreicht, konnte es doch das Duett des ersten Aufzugs nicht übertreffen. Die eindrucksvollste Partie — Medeas Rache — bleibt unübertrefflich an Kraft, Mannigfaltigkeit und Reichtum der Instrumentation. Man sagt daher mit Recht, daß „Medea" die einzige klassische Oper vor Gluck ist, welche die Größe Glucks erreichte. Warum sie trotzdem so bald vom Spielplan verschwand? Weil selten eine Künstlerin gefunden werden wird, die, wenn sie auch den hohen Anforderungen dramatischer Gestaltungskraft vollständig genügt, die physische Fähigkeit besitzt, eine derartige Partie voll ununterbrochener höchster stimmlicher Anstrengung durchzuführen. Es kommt eben nur alle hundert Jahre einmal eine Catalani, deren goldene Kehle einer solchen Aufgabe gewachsen ist. Die erste Sängerin der Medea, Madame Scio zu Paris, die damals auf der Höhe ihres Ruhmes stand, soll sich durch diese Partie ein Lungenleiden zugezogen haben, dem sie schließlich erlag. In Paris hatte das Werk keinen dauernden Erfolg und verschwand bald vom Spielplan, auch in England kam es nur einigemal zur Aufführung und im Vaterlande unseres Künstlers, in Italien, kennt man das Werk kaum dem Namen nach. Die beste Aufnahme fand die Oper in Deutschland, wo sie bei besonders feierlichen Gelegenheiten oft als Festspiel diente. Der Quell selbstständiger, tiefempfundener und dabei einfacher und schöner Melodieen floß bei Cherubini trotz aller überquellenden Fülle, bei der überströmenden Wucht seiner Orchesterbehandlung nicht so reich, wie es besonders bei Mozart und Weber gefunden wird. In Berlin (Hofoper) kam „Medea" in einer Übersetzung von Herklotz zum erstenmal am 17. Februar 1800 auf die Bühne; Frau Schick sang die „Medea".

Cherubini hatte seine Produktionskraft durch dieses grandiose Werk ziemlich erschöpft und drei Jahre dauerte es, bis er die Oper schrieb, die seinen Ruf für immer fest gründete.

Allerdings erblickte schon nach Verlauf eines Jahres völligster Ruhe eine neue Oper das Licht der Welt, der noch zwei andere im Jahre 1799 folgten, aber sie alle sind von geringerem Werte. Es waren: die einaktige Oper „L'hôtellerie Portugaise" („Der portugiesische Gasthof"), Dichtung von Aignan, die am 25. Juli 1798 am „Feydeautheater" zur Aufführung kam. Die Musik, obgleich gefällig, war doch eine sonst bei Cherubinis Werken ungewohnte Flickarbeit und dieser Umstand, in Verbindung mit dem der Musik noch unwürdigeren Buche, ließ die Oper weder in Paris, noch in Wien und Berlin Anerkennung finden. Am 23. Februar 1799 brachte Cherubini die andere dieser Opern, den Einakter: „La Punition" („Die Bestrafung") zur ersten Aufführung. Die Dichtung war von Desfaucherets.

Im Herbst, am 12. September 1799, folgte am „Montansiertheater" ein gemeinschaftlich mit Boieldieu verfaßtes Werk: „Emma, ou la prisonnière" („Die Gefangene"), eine einaktige Oper, an deren Buch Jouy, Longchamps und Saint-Just gearbeitet hatten. Auch ihr war kein Erfolg beschieden.

Erst jetzt sollte ihm sein größtes Meisterwerk gelingen. Es waren „Les deux journées", die unter dem Namen „Der Wasserträger" ihren Siegeslauf durch Deutschland fortsetzten. Die dreiaktige Oper kam am 16. Januar 1800 am „Feydeautheater" nach dem folgenden Theaterzettel zur ersten Aufführung.

Bezeichnend für die damalige Zeit und auffällig ist auf diesem Theaterzettel, daß anstatt „Monsieur" (Herr), die damals gebräuchliche patriotische Bezeichnung „Citoyen" (Bürger) gewählt ist. Besonders auch das Theater unterlag damals dem Zuge der Zeit. Weiter auffällig ist, daß man für die Frauen dennoch nicht das zu jener Zeit gebräuchliche „Citoyenne" (Bürgerin) findet.

Paris.
Théâtre Feydeau.

Les deux journées.
Opéra en trois actes.
Paroles de Jean Nicolas Bouilly. Musique de Luigi Cherubini.

Représenté pour la première fois sur le Théâtre Feydeau le 16. Janvier 1800.

Armand, président à mortier du Parlement de Paris	Citoyen Gaveaux.
Constance, épouse d'Armand	Madame Scio.
Mikeli, Savoyard d'origine, établi à Paris, porteur d'eau	Citoyen Juliet.
Daniel, son père, vieillard infirme	Citoyen Platel.
Antonio, fils de Mikeli, garçon de ferme au village de Gonesse	Citoyen Jausserand.
Marcellina, fille de Mikeli et soeur d'Antonio	Mdlle. Rosette (Gavaudan).
Sémos, riche fermier de Gonesse	Citoyen Prévost.
Angéline, fille unique de Sémos, accordée avec Antonio	Mdlle. Desmares.
Premier Comandant des Troupes Italiennes à la solde de Mazarin.	Citoyen Desaules.
Deuxième Comandant	Citoyen Georget.
Un Offizier des Gardes, personnage muet.	
Premier Soldat italien	Citoyen Darcourt.
Deuxième Soldat italien	Citoyen Garnier.

Une sentinelle. Habitants de Gonesse. Gardes et soldats.
La scène se passe à Paris pendant les deux premiers actes et pendant le troisième dans le village de Gonesse en l'année 1647.

Wie es schon damals bei „Lodoïska" geschehen war: der Erfolg war glänzend, das Publikum erhob sich und klatschte jeder Nummer lauten Beifall. Zweihundert Aufführungen konnten den Enthusiasmus der Pariser nicht abschwächen. Kaum war in der Première der Vorhang nach dem ersten Aufzug gefallen, als die Zöglinge des Konservatoriums das Orchester stürmten und den geliebten Lehrer unter Freudenausbrüchen beglückwünschten. Selbst der sonst nur von sich und seinem Können eingenommene Grétry kam nach Schluß der Aufführung, zusammen mit den leitenden Tonkünstlern der Zeit: Martini, D'Alayrac, Gossec, Lesueur und Méhul zu Cherubini, um ihm seine Bewunderung auszusprechen. Rührend bleibt bei alledem die Bescheidenheit des Meisters, der die Aufforderung seiner Freunde, die Partitur Haydn zu widmen, mit der Bemerkung ablehnte, noch nichts eines solchen Künstlers Würdiges geschrieben zu haben. Und doch besaß die Oper einen so glänzenden Reichtum der Instrumentation, daß man ihn mit der Farbenpracht Paul Veroneses verglich. Den Vorwurf des Melodieenmangels weist Fétis scharf zurück. Der Unfähigkeit der berufenen Kritiker schreibt er es zu, daß man über der gerechten Anerkennung vollendetster Harmonie und glänzender Instrumentation zur verdienten Würdigung der Melodie gar nicht kam. Cherubini hatte aber diesmal auch mit einer Dichtung von Bouilly Glück gehabt. Kein geringerer als Goethe ist es, der sie als mustergültig für den Stil der komischen Oper hinstellt; seinem Urteil schloß sich Mendelssohn rückhaltslos an.

Wenn nach dem Gebrauch jener Zeit die Opern fast ausschließlich in Arien komponiert wurden, so finden sich im „Wasserträger" das Ensemble und die Chöre vorherrschend; wir sehen in Cherubini einen Vorgänger der Wagnerschen Theorien in der Opernbehandlung: jeder Charakter ist individualisiert und hat einen scharfumrissenen Typus, der überzeugungsvoll folgerecht und zusammenhängend zum Ausdruck kommt. Wagners Kampf gegen die Tyrannei der ausführenden Sänger ist im „Wasserträger" vorbereitet. Wer sollte mit dem Bayreuther Komponisten, wenn er auch offenbar zu weit gegangen ist, nicht einer Meinung sein? Cherubini verschmähte eine bloße Schaustellung der menschlichen Stimme, woraus auch alle gegnerischen Äußerungen im Publikum zu erklären sind, welches der Triller und Rouladen nicht beraubt sein wollte. Der „Wasserträger" ist keine komische Oper im Sinne des „Barbier von Sevilla". Das Werk streift die Grenze der historisch=romantischen und lyrisch=komischen Oper im Wechsel idealer Liebe und gesunden Volkstums, in seiner Leidenschaft und Empfindung, in seiner Grazie und in seinem Humor. Unter den Glanzpunkten der Oper nennt man nach der Ouverture, die allerdings nicht zu dem deutschen Titel paßt, besonders das in seiner Wahrheit des dramatischen Ausdrucks und in seiner entzückenden Mannigfaltigkeit großartige Finale des ersten Aufzugs. Die Ouverture ist vollständig unabhängig von allen Motiven der Oper und dabei in ihrem Ideenreichtum so original, in der Auffassung so poetisch, in der Entwicklung so voller Wärme und Effekt, daß man sie als Muster moderner Instrumentalmusik hingestellt hat. Die ganze Oper nimmt von ihrer Entstehung ab den Rang eines klassischen Werkes ein. Allein was der Komponist an Feinheiten im Neuen und Ungewöhnlichen in seiner Oper geschaffen hat, ist in Frankreich vom Publikum niemals nach Verdienst geschätzt worden. Zur Würdigung tieferer Schönheiten fehlt den Franzosen selbst die Tiefe der Empfindung, die Fülle des Gemüts.

Die Deutschen haben das Meisterwerk Cherubinis gleich vom ersten Augenblick ab in seiner ganzen Größe und Bedeutung erfaßt. Beethoven hatte es auf seinem Klavier immer zur Hand. Seine Wertschätzung Cherubinis sprach er brieflich in den Worten aus: „Ich bin entzückt, so oft ich ein neues Werk von Ihnen vernehme und nehme größeren Anteil daran als an meinen eigenen; kurz, ich ehre und liebe sie." Ein ähnliches Urteil fällte 1840 Robert Schumann. Spohr erzählt in seiner Autobiographie, wie völlig überwältigt er von dem mächtigen Eindruck, den das Werk auf ihn machte, gewesen sei; er war, gleich nachdem er die Oper zum erstenmal gehört, noch die ganze Nacht aufge=

blieben und hatte die Partitur studiert. Auch Weber giebt in einem von München aus datierten Brief (30. Juni 1812) seiner Begeisterung über dieses Werk, das seine Lieblingsoper blieb, feurigen Ausdruck.

Mendelssohn beschreibt in einem Brief an seinen Vater über die Aufführung der „Les deux journées" den außerordentlichen Enthusiasmus des Publikums. Ihm selbst habe das Werk einen Genuß wie keine frühere Oper bereitet. Schlüter rühmt ebenso die Formenreinheit des Stils wie die ausdrucksvolle, tief empfundene Musik.

Von Wien aus ist neuerdings der wunderliche Versuch eines Beweises aufgetaucht, die Oper sei nicht von Cherubini, sondern von Beethoven.

Die Oper, die Deutschland zuerst auch unter dem Titel „Graf Armand", später nur als „Der Wasserträger" kennt, fand gleich nach ihrem Erscheinen mehrere Übersetzer: Johann Jakob Ihlée, Georg Friedrich Treitschke und Heinrich Gottlieb Schmieder. Doch nur Schmieders Übersetzung vermochte sich zu halten. Fast ausnahmslos wird der „Wasserträger", der noch heute in unverwelklicher Frische die Spielpläne der Opernbühnen beherrscht, in dieser Übersetzung aufgeführt. Allein die Aufführung dieser Oper wird den heutigen Bühnen nicht unwesentlich erschwert durch die in den höchsten Tonlagen geschriebenen Männerchöre, die von unseren Tenoristen nur mühsam bewältigt und durch Altstimmen ersetzt oder verstärkt werden müssen. Cherubini standen hierfür die „haut-contres" zur Verfügung: junge Männer, denen nach einer nicht mehr bekannten Methode während der Periode des Stimmwechsels das Organ derart zurückgehalten und ausgebildet wurde, daß der helle knabenhafte Charakter des Tones erhalten blieb. Die „haut-contres" bildeten also — vielleicht als Ersatz für Kastraten — eine Stimmgattung zwischen Tenor und Sopran. Als Gegensatz hierzu findet man in Rußland noch jetzt Kontrabassisten, deren Stimmen durch eigentümlich gedrückte Stellung des Kehlkopfes bis zum Kontra-A hinabreichen. Dieselben sind namentlich in den Kirchenchören von gewaltiger Wirkung.

Auch in England genoß Cherubini besonders in dieser Oper die rückhaltsloseste Anerkennung. Italien hat seinen großen Sohn niemals verstanden, sowie ihm auch der in italienischer Sprache komponierende Mozart fremd geblieben ist.

Cherubini ist nicht der einzige geblieben, der einen „Wasserträger" komponiert hat. Es sind Opern gleichen Sujets bekannt: „Le porteur d'eau", französischer Einakter, komponiert von Lemière de Corbey, Paris 1801; „Le due giornate", italienische komische Oper nach der Dichtung von Foppa, komponiert von S. Mahr, Mailand 1801; „The escapers or the water carrier", englische Oper, unter Benutzung der Musik von Cherubini komponiert von Th. Attwood, London 1801; „Il portatore d'acqua", italienische Oper, komponiert von Paolo Fabrizi, Erstaufführung Neapel den 5. Januar 1841. Eine Fortsetzung der Oper ist „Micheli und sein Sohn", nach der Dichtung von A. Kirchner, komponiert von Johann Heinrich Clasing, Hamburg 1806. Kurz nach dem Erscheinen der „Les deux journées" schrieb Cherubini zusammen mit seinem Rivalen Méhul eine neue Oper. Es war das dreiaktige Pasticcio: „Epicure", Text von Demoustier, das am 14. März 1800 am „Favarttheater" zur Aufführung kam. Als besonders bemerkenswert aus Cherubinis Feder erscheint das herrliche Duett: „Ah, mon ami, de notre asile" und die Ouverture, die namentlich in Deutschland mit großem Beifall aufgenommen wurde und sogar den Stil Beethovens beeinflußt haben soll, der die Partituren des von ihm hochgeschätzten italienischen Meisters mit großem Eifer studierte. Daß ein solcher Einfluß in der That stattgefunden hat, bezeugt auch Mendelssohn gelegentlich der Erstaufführung von Beethovens Oper „Fidelio". Er schreibt über „Fidelio": „Beim Durchblättern der Partitur, wie beim Hören der Oper bemerkte ich überall Cherubinis dramatischen Kompositionsstil. Ich will nicht sagen, daß Beethoven diesen Stil nachahmte, wohl aber, daß er ihm als liebstes Muster vorschwebte."

Das wertlose Libretto ließ die Oper „Epicure" zu keinem Erfolg kommen und da jeder der beiden Autoren dem andern die Schuld am Mißerfolg zuschrieb, war ein Streit zwischen Cherubini und Méhul die schließliche Folge.

Bei einem Besuch in Chartres schrieb Cherubini in diesem Jahre nur noch zwei Märsche.

Es wird nun notwendig, das Verhältnis Cherubinis zum größten Staatsmann seiner Zeit, Napoleon Bonaparte, näher zu charakterisieren. Leider gelang es Cherubini nicht, Napoleons Anerkennung und Beifall zu erlangen. Schon geraume Zeit vor Napoleons „erstem Konsulat" trat eine Entfremdung zwischen den beiden persönlich bekannten Männern ein. Bei einer von Cherubinis Opernaufführungen, der der General und der Komponist in einer Loge beiwohnten, soll Napoleon zu Cherubini geäußert haben: „Lieber Cherubini, Sie sind zweifelsohne ein ausgezeichneter Musiker; aber Ihre Musik ist so geräuschvoll und kompliziert, daß ich nichts daraus machen kann." Und schlagfertig diente der beleidigte Künstler mit den Worten: „Lieber General, Sie sind sicher ein tüchtiger Soldat, aber was die Musik anbelangt, so entschuldigen Sie hoffentlich, wenn ich meine Kompositionen nicht Ihrem Verständnis anpasse." So wenig wie Napoleon, vergaß Cherubini diesen beiderseitig beleidigenden Wortwechsel. Er bezeigte stets dem kühnen Eroberer ziemliche Gleichgültigkeit und machte nicht die geringste Anstrengung, sein Gefallen zu erwerben. Schade, daß er derjenige war, der bei der kleinlichen Rachsucht Napoleons — wie spätere Zusammenkünfte beweisen — schwer unter diesem unliebsamen Vorfall zu leiden hatte. Napoleon hatte für ihn kein Amt und keine Ehren. Daß Napoleon nicht vergessen hatte, zeigte er gleich bei seiner Rückkunft aus Italien im Jahre 1797. Er hatte dort von Paisiello einen besonderen Marsch für sich komponieren lassen und sandt ihn an das Konservatorium mit dem Auftrag zur Aufführung. Der Direktor des Konservatoriums, Sarette, de zeigen wollte, daß man an seinem neugegründeten Institu doch noch ganz andere Musik als Paisiellos armseligen Marsc pflege, ließ daneben am gleichen Abend Cherubinis Hymn und Totenmarsch auf den General Hoche zur Ausführung bringen. Alles war Cherubinis Lobes voll. Napoleon je doch trat nach dem Konzert rasch auf den bedauernswerten Komponisten zu und erging sich, ohne seines Werkes mi einem Worte Erwähnung zu thun, in den übertriebensten Lobsprüchen Paisiellos, der der beste Komponist seiner Zei sei. Und damit der arme Cherubini ja nicht glaube, er se der zweitgrößte, fügte Bonaparte hinzu, daß nach Paisiellc nur noch Zingarelli eine schöne Musik zu schreiben verstehe. Cherubini war zuerst wie versteinert, dann sagte er nu halblaut und verächtlich: „Paisiello? Meinethalben! Aber Zingarelli!?" Diese niederschmetternde Kritik seines Kunst= verständnisses verstimmte den Usurpator, der auch in der Musik ein maßgebendes Urteil beanspruchen wollte, natür= lich aufs neue. Es sollte ihm noch schlimmer ergehen, als er 1798 vor seinem Zug nach Ägypten bei einer zufälligen Begegnung mit Cherubini wieder in begeisterte Lobpreisun= gen der italienischen Musik ausbrach und unvorsichtiger= weise geringschätzige Bemerkungen über Cherubinis Werke nicht unterlassen konnte.

„Bürgergeneral," rief der aufs tiefste gekränkte Künstler, „kümmern Sie sich lieber um Ihre Schlachten und Siege und nicht um meine Kompositionsmanier und um die Mu= sik, von der Sie doch nichts verstehen."

Ein Glück, daß Napoleon damals eben erst noch Bürger= general war; anderthalb Jahre später hätten solche Worte Cherubini verhängnisvoll werden können.

Dem ersten Konsul gegenüber benahm sich Cherubini, der mit den politischen Größen denn doch rechnen gelernt hatte, auch vorsichtiger. Als der Konsul Napoleon im Dezember 1800 dem mörderischen Attentat auf sein Leben entgangen war, gehörte auch Cherubini zu den Mitgliedern der Deputation, die ihn im Namen der Stadt Paris zu seiner glücklichen Errettung beglückwünschte. Der Künstler mochte neue Kränkungen fürchten und hielt sich ganz im Hintergrund. Da rief der Konsul plötzlich: „Wo ist Herr Chérubin!" mit französischer Aussprache des Namens, wohl um anzudeuten, daß er ihn nicht als italienischen Komponisten anerkenne. Schweigend trat der Komponist vor — aber auch Napoleon richtete kein Wort an ihn, so daß eine peinliche Stille eintrat.

Bei einem kurz darauf erfolgten abermaligen Zusammentreffen in den Tuilerien begann Napoleon das alte Loblied Paisiellos. „In Ihrer Musik, Cherubini, ist die Begleitung zu stark!" Diplomatisch vorsichtig erwiderte Cherubini mit seinem Spott: „Ich verstehe, Sie wollen Musik, die Sie nicht verhindert, an Ihre Staatsgeschäfte zu denken!" Stirnrunzelnd ging der Konsul von dannen.

Obgleich den Komponisten der begeisterte Beifall des Publikums, das sich gerade zu der Zeit noch Abend für Abend zu den Aufführungen der „Les deux journées" drängte, vollständig für den Tadel Napoleons entschädigen konnte, sah er sich doch von nun an dauernd vom ersten Konsul ignoriert und hintenangesetzt. Die damalige Zeit zahlte aber noch nicht die übermäßigen Komponistenhonorare unserer Tage und von seinem Gehalt als „Inspektor des Konservatoriums" konnte der Meister kaum leben. Kein Wunder, daß sich seiner eine tiefe Niedergeschlagenheit bemächtigte.

So geschah es, daß er in den Jahren 1801 und 1802 kaum eine Feder anrührte und in seinen geliebten botanischen Studien Beruhigung und Erquickung für sein verwundetes Gemüt suchte.

Wie mußte es ihn, den begnadeten Künstler, der mit

Existenzsorgen zu kämpfen hatte, aufs neue bitter kränken, als Ende des Jahres 1802 Napoleon seinen Günstling Paisiello von Neapel nach Paris berief und ihn mit einem Jahresgehalt von 12 000 Franken zum Musikdirektor machte. Wohnung und Equipage hatte der neue Direktor außerdem noch völlig frei. Diese Berufung war aber zugleich ein Mißtrauensvotum für das gesamte Pariser Konservatorium; mit Recht betrachteten die Konservatoristen das Eindringen des Fremdlings als eine ihnen zugefügte Beleidigung. Ein ganzes Heer von Künstlerintriguen entspann sich und das Publikum, an bessere und schwerere Kost gewöhnt, bezeugte dem Liebling Bonapartes auch vollkommenste Gleichgültigkeit. Das war nichts für den in Neapel von Publikum und Künstlern auf den Händen getragenen Paisiello. Die Würdigung seiner Kunst durch Napoleon allein genügte ihm doch nicht und kaum war die feierliche Krönung seines Gönners zum Kaiser vorüber, als er sich mit der Krankheit seines Weibes entschuldigte und Ende 1804 nach seinem geliebten Neapel zurückeilte. Nun versuchte Napoleon seinen „Zweitbesten", Zingarelli, nach Paris zu bekommen. Zingarelli aber dankte klugerweise und wies alle noch so glänzenden Anerbieten ab.

Cherubini hatte sich mittlerweile unter seinen geliebten Blumen doch wieder zu einer Komposition aufgerafft. Am 4. Oktober 1803 war an der „Großen Oper" sein Ballett-Zweiakter: „Anacréon ou l'amour fugitif" („Anakreon oder der verbannte Amor"), Dichtung von Mendouze, zur Aufführung gekommen. Die Vorzüglichkeit der dem Mozartschen Stil ähnlich geschriebenen Ouverture wird noch heute allseitig anerkannt, aber im Ganzen hatte die Oper keinen Erfolg zu verzeichnen. Es lag eben diese ganzen Jahre hindurch wie ein Alb auf Cherubinis Schaffensfreudigkeit, der ihn nichts wahrhaft Großes, seiner Würdiges mehr schaffen ließ.

Die Oper blieb zwar eine Zeit lang auf dem Spielplan,

ja man veranstaltete dem Komponisten zu Ehren sogar eine Prachtausgabe des Werkes, die eifrig gekauft wurde, aber Cherubini selbst gab den Mißerfolg dieses jüngsten Kindes seiner Muse zu, freilich nicht ohne seinen Kritikern grollend zuzurufen: „Entweder schreibe ich, wie ich will oder gar nicht." Man hielt die Musik im Publikum allgemein für zu schwer. Den meisten Beifall fanden die Chöre und die Sturmscene des ersten Aufzugs, von der Castil=Blaze sagt, daß sie die beste sei, die vor der des „Wilhelm Tell" über die Bretter gedonnert sei. Auch die Ouverture wird lebhaft gerühmt und denen von „Medea" und „Les deux journées" als ebenbürtig an die Seite gestellt. Noch mehr Unglück als mit „Anacréon" hatte Cherubini mit seinem folgenden Werk, dem Ballett: „Achille à Scyros" („Achilles in Syros"), nach einem Buche von Gardel dem Jüngeren, das am 18. Dezember 1804 an der „Großen Oper" aufgeführt wurde.

Das Sujet, das Achilles der Sage gemäß in Frauen=kleidern auftreten ließ, war der landläufigen Anschauung von dieser großen Heldenfigur doch zu sehr zuwider, als daß es einen Erfolg der wirklich hübschen Musik hätte aufkommen lassen können.

Mit Paisiellos Wegzug war um diese Zeit der Posten des „Hofkapellmeisters" frei geworden. Dies wäre eine Cherubinis würdige Stelle gewesen. Aber des Kaisers Miß=gunst versagte sie ihm. Napoleon bot Méhul die Nachfolger=schaft Paisiellos an. Dieser erklärte sich bereit, mit Cherubini zusammen dies Amt zu übernehmen — und die Folge davon war, daß auch er übergangen wurde und der Kaiser Paisiello selbst seinen Nachfolger bestimmen ließ. Die Wahl fiel auf Lesueur.

Um sich zu beruhigen und zu zerstreuen, unternahm der aufs neue gekränkte Meister, eine Aufführung von Mozarts „Requiem" zu veranstalten, das den Parisern bis dahin un=bekannt geblieben war. Trotz der Abneigung der Pariser gegen deutsche Musik, trotz des Widerstandes der leitenden

Künstler brachte sein unermüdlicher Eifer, mit dem er sich der einmal gestellten Aufgabe hingab, doch eine Aufführung durch zweihundert der besten Sänger und Musiker zustande, die einen tiefen Eindruck machte und den Wunsch sofortiger Wiederholung laut werden ließ.

Wenn es Cherubini durch diese Beschäftigung auch zum Teil gelang, seinen Geist zu zerstreuen und abzulenken, so nimmt es uns doch nicht im geringsten Wunder, wenn er nach dieser Zeit der Zurücksetzung und Kränkungen einen aus Wien an ihn ergehenden Ruf, für das „Kärntnerthortheater" eine Oper zu komponieren, mit großer Freude begrüßte. Die Deutschen hatten ja von jeher seiner Musik das tiefste Verständnis entgegengebracht, mit Enthusiasmus seine Werke begrüßt. Kurz entschlossen ließ deshalb der Meister eine schon begonnene Oper: „Les Arrêts" unvollendet und machte sich, da ihm nun wieder reichliche Geldmittel zu Gebote standen, am 26. Juni 1805 aus Paris auf.

Im Juli kam er mit seinem geliebten Weib und seiner jüngsten Tochter in Wien an. Ehren und Auszeichnungen warteten seiner in Fülle. Cherubinis erster Besuch galt dem von ihm so hochverehrten, damals dreiundsiebzigjährigen Haydn, der ihn herzlich aufnahm. Auch mit Beethoven, in dem er den verwandten Geist erkannte, stand der Meister in freundschaftlichem Verkehr. Man hat versucht, Cherubini als einen zu scharfen abfälligen Kritiker Beethovens hinzustellen, doch ist diesen anekdotenhaften Berichten kein Glauben beizumessen und der Eifer, mit dem Cherubini die Aufführung Beethovenscher Werke in Paris betrieb, ist der beste Beweis für seine warme aufrichtige Bewunderung des deutschen Meisters. Auch mit Hummel schloß Cherubini in Wien Freundschaft, von dessen großen Sonaten er eine bei seiner Rückkehr nach Paris mitnahm und dort zur Aufführung brachte. Mit Salieri, Albrechtsberger, Preindl, Weigl und Gyrowetz kam er ebenfalls in persönliche Berührung. Auch machte er die Bekanntschaft des Barons von Braun, für den er einen Marsch für Blasinstrumente und eine Sonate für Orgel komponierte. Die herzlich freudige Aufnahme seitens des Publikums, die zahlreichen Achtungserweise von seiten bedeutender Künstler und Kritiker wirkten wie neubelebend auf den armen zurückgesetzten Cherubini. Die erste Thätigkeit, der er sich in Wien unterzog, war die persönliche Leitung seiner Opern: „Lodoïska" und „Les deux journées", die er mit einigen neuen Einlagen versehen hatte. Die Wiener gerieten bei den Aufführungen in einen wahren Begeisterungssturm.

Zufällig fiel das alles gerade in die Tage von Schönbrunn. Auch nach Wien kam der Kaiser Napoleon, den Preßburger Frieden zu diktieren. Und nun ereignete sich die alte Geschichte, die komisch zu nennen wäre, wäre sie nicht zu alltäglich. Der Kaiser, der jetzt den zu Hause geringgeschätzten Cherubini von einer fremden kunstverständigen Nation aufs Begeistertste gefeiert sah, fand plötzlich auch Geschmack an ihm. Er ließ den Meister zu sich rufen, war hocherfreut, ihn in Wien zu sehen, sprach den Namen Cherubini nicht mehr mit französischer Betonung aus und betraute ihn für die Dauer seines Aufenthaltes in Österreich mit der Leitung der Hofmusik. Cherubini mußte wohl oder übel gehorchen und dirigierte in dieser Zeit zwölf musikalische Soireen abwechselnd in Schönbrunn und in Wien, wofür er vom Kaiser eine ansehnliche Geldsumme angewiesen bekam. Aber der Künstler besaß auch seinen Stolz und hatte die früheren Kränkungen nicht vergessen. Als der Kaiser eines Tages mit ihm ein Gespräch über seine neue Oper begann, die der politischen Ereignisse halber hatte verschoben werden müssen, bemerkte Cherubini: „Die Oper wird Ihnen nicht gefallen!"

„Warum nicht?" fragte Napoleon.

„Weil die Begleitung zu stark ist," gab der Künstler ihm die im Jahre 1800 in den Tuilerien gebrauchten Worte zurück.

Trotz dieser erfahrenen Abweisung ließ der Kaiser unmittelbar vor seiner Abreise im Dezember 1805 Cherubini noch einmal zu sich kommen und lud ihn ein, mit ihm nach Paris zurückzukehren. Aber Cherubini schützte sein den Wienern gegebenes Wort vor und blieb. Es ist zweifellos, daß er sich durch diese abermalige Zurückweisung des Kaisers sehr viel geschadet hat. Napoleon war Cherubini damals günstig gestimmt, er hätte ihn sicher zum Hofkapellmeister gemacht — welche Stellung nach seiner Rückkehr Paër erhielt — aber er wollte sich auch nichts vergeben. Er kam dem Künstler entgegen, so weit er nach seiner Ansicht konnte: Cherubini sollte aber selbst um eine Gunst bitten. Dazu aber war der Meister gerade damals zu stolz. Und man muß zugeben, der Umstand, daß sich ihm erst hier im Ausland, unter dem Einfluß des hier sprühenden Enthusiasmus die kaiserliche Gunst zuwandte, mußte sein künstlerisches Selbstgefühl verletzen.

Aber auch der Kaiser, dessen Wink alles gehorchte, war schwer gekränkt. Die Folgezeit sollte es zeigen.

Am 25. Februar 1806, zwei Monate nach Beethovens „Fidelio", kam die den Wienern versprochene neue Oper Cherubinis am „Kärtnerthortheater" zur Aufführung. Es war „Faniska", Oper in drei Aufzügen, mit deutschem Text von Sonnleithner. Kaiser Franz II. war mit seinem ganzen Hofstaat anwesend. Der Erfolg war durchschlagend; zu Beginn und zu Ende des Abends wurde der Komponist stürmisch gerufen und alle kunstverständigen Stimmen Wiens wetteiferten in seinem Lobe. Beethoven und der hochbetagte Haydn wohnten der Aufführung bei und stimmten in das allgemeine volle Lob mit ein. Beethoven nannte ihn den „ersten dramatischen Komponisten seiner Zeit". Lobend legte ihm die Preßkritik den Namen des „gelehrtesten dramatischen Komponisten" bei. Wie Beethoven war ja auch ihm schon der Tadel zu teil geworden, daß seine Musik zu gelehrt für das Publikum seiner Zeit sei. Jetzt aber wett=

eiferten sogar die französischen Komponisten im Lobe des in Wien befindlichen Cherubini; selbst sein Rivale Méhul hielt mit seiner offenen Anerkennung nicht zurück. Trotz des tiefen Eindrucks aber, den das Werk machte, konnte sich die Oper ihres mittelmäßigen Buches halber nicht in der öffentlichen Gunst behaupten. Sie verschwand bald von den Spielplänen und nur die wahrhaft meisterhaft ausgearbeitete Ouverture hat sich auf den philharmonischen Konzertprogrammen erhalten.

Cherubini hätte in seiner neuerwachten Schaffensfreudigkeit sicher noch mehr für Deutschland geschrieben, hätte ihn nicht die politische Lage gezwungen, schon jetzt wieder, vierzehn Tage nach der Erstaufführung von „Faniska", seine Schritte zurück nach Paris zu lenken. Die launischen Pariser begehrten zudem sehr stürmisch seine Rückkehr; nun schienen sie auf einmal nicht mehr ohne Cherubini fertig werden zu können.

Ehe Cherubini wieder von Wien Abschied nahm, ging er noch einmal zu dem von ihm so hochverehrten Haydn und bat ihn zum Andenken um eine seiner handschriftlichen Originalpartituren. Haydn gab ihm eine unveröffentlichte Symphonie und soll dabei die für beide Teile schmeichelhaften Worte gesagt haben: „Lassen Sie mich in musikalischer Beziehung Ihren Vater heißen und Sie als meinen Sohn begrüßen." Auch Mozart, vor dessen Genie er sich bewundernd beugte, wollte der scheidende Künstler noch einen Besuch abstatten: er suchte sein Grab. Und als er es nicht finden konnte, als er erfuhr, wie dieser mächtige Genius in Armut und Elend geradezu hatte verkommen müssen, ward er dadurch aufs Tiefste erschüttert und verletzt und fühlte selbst, daß trotz all der ihm widerfahrenen Liebe und Anerkennung diese Stadt doch nicht der Ort seiner Wirksamkeit bleiben könne.

Am 9. März 1806 verließ Cherubini Wien wieder mit Frau und Kind und traf am 1. April in Paris ein. Stürmisch ward er auf einer Feier, die das Konservatorium eigens zu seiner Rückkehr veranstaltete, von allen begrüßt. Noch unter dem Eindruck dieses feurigen Empfangs stehend, beendete er sein in Italien im Jahre 1778 oder 79 begonnenes großes Credo für acht Stimmen, das der strenge Thibaut „unvergleichlich" nennt. Aber damit hörte er zunächst beinahe ganz auf zu komponieren. Nur noch eine Arie, für Crescentini geschrieben, brachte das Jahr 1806.

1807 schuf er nur einen Chor, ein Melodrama und beendete eine Kanonsammlung für zwei, drei und vier Stimmen, die er zu verschiedenen Zeiten von 1779—1807 komponiert hatte. In demselben Jahre brachte er Beethovens erste Symphonie in Paris zur ersten Aufführung.

1808 setzte er eine Romanze, „le Mystère", für den österreichischen Gesandten Grafen Metternich in Musik. Das war während dieser langen Zeit alles.

Der Kaiser Napoleon hatte die in Wien 1805 gegebene abschlägige Antwort auf seine gnädige Einladung, mit ihm zu kommen, nicht vergessen. Vollständig ward Cherubini wieder hinter Méhul, Gossec, Grétry und Lesueur zurückgesetzt. Eine tiefe Niedergeschlagenheit bemächtigte sich seiner, die sich bis zu völliger nervöser Abspannung steigerte. Wieder ließ er also die Musik völlig liegen und suchte bei seinen Blumen, in botanischen Studien und zeichnerischen Übungen Ruhe und Erholung. So zeichnete er mit Vorliebe Blumen auf Spielkarten, indem er mit seltener Geschicklichkeit die Coeurs und Carreaus, die Farben und Figuren in seine Zeichnungen aufnahm und darin zu verwerten verstand. Auch ein Herbarium legte er sich an, das später als ein interessantes Andenken an diese trübe Periode von seiner Familie sorgsam aufbewahrt wurde. Allmählich besserte sich zwar sein Gesundheitszustand, aber zu völliger Genesung bedurfte er doch noch größerer Ruhe und Abgeschlossenheit. So nahm er denn im Jahre 1808 eine Einladung des ihm sehr gewogenen Prinzen Chimay und seiner ebenso schönen als liebenswürdigen Gemahlin nach ihrem in Belgien belegenen Landsitz an und machte sich mit seinem Freund und Schüler Auber auf den Weg nach Schloß Chimay. Hier lebte er nur seiner Gesundheit, sammelte Blumen und ging im schattigen Park spazieren. Der Musik geschah in seiner Gegenwart mit keinem Wort Erwähnung und er ward ganz seinen Liebhabereien überlassen. So gewann er allmählich sein seelisches Gleichgewicht wieder und sollte dann auch bald aus Chimay selbst neue Anregung zu musikalischem Schaffen erhalten.

Im Herbst kam nämlich eine Deputation des kleinen Musikvereins zu Chimay aufs Schloß und bat den Meister, ihnen für den Cäcilientag (den 22. November) eine Messe zu komponieren. Er wies sie kurzer Hand ab. Jedoch am nächsten Morgen schon unternahm Cherubini einen außergewöhnlich langen Spaziergang — ohne dabei zu botanisieren. Frau von Chimay legte in der Abwesenheit des Künstlers, wie unabsichtlich, Notenpapier zwischen seine getrockneten Pflanzen auf den Tisch und als Cherubini zurückkam, setzte er sich und schrieb die volle Partitur des Kyries seiner berühmten dreistimmigen Messe in F-Dur nieder. Der Bann war gebrochen, der Genius war zu neuem Leben erwacht; ohne die geringste Anstrengung, die Ruhepausen mit Billardspielen ausfüllend, schuf der gesundete und wieder erstarkte Künstler dieses Werk. Kaum war er damit fertig, als er es zu Auber trug, der eine sofortige Probe vorschlug. Im kleinen Familienkreis des Prinzen Chimay, der selbst den Tenorpart sang, während Cherubini die Baßpartie übernommen hatte, ertönten zum erstenmal die Töne dieser unvergleichlichen Messe, die Herzen der wenigen Sänger und Hörer mit Andacht und weihevoller Begeisterung erfüllend. Bis zum Cäcilientag, der rasch heranrückte, schrieb Cherubini noch ein Gloria hinzu und erfüllte so doch die Bitte des kleinen ländlichen Musikvereins, der mit seinen bescheidenen Mitteln und Fähigkeiten am 22. November 1808 die

Messe und das Gloria in der kleinen Kapelle von Chimay zur ersten Aufführung bringen durfte. Wenn auch der Meister nach diesem Ereignis mit unverändertem Eifer seinen botanischen Studien oblag, so übte doch auch die Musik jetzt wieder ihren Zauber auf sein Gemüt aus. Die alte heilige Begeisterung für die hohe himmlische Muse war wieder erwacht.

Lange hielt er es nicht mehr in Chimay aus; nach Paris lockte und zog es ihn mit aller Macht und er folgte dem inneren Drang. Dort angekommen, vollendete er die Messe in F. In der Stadtwohnung des Prinzen von Chimay, dem Hotel Babylon, kam nun das ganze Werk durch die ersten Pariser Künstler zur Aufführung und erregte einen Sturm der Begeisterung und Bewunderung. Fétis, der bei der ersten Aufführung zugegen war, schreibt: „Niemals werde ich den Eindruck vergessen, den diese Messe in solch künstlerischer Ausführung machte. Alle Notabilitäten von Paris, welchem Stand und Rang sie auch angehören mochten, wohnten der ersten Aufführung bei, die dem Ruhmeskranz des großen Komponisten ein neues Blatt hinzufügte. In der Pause zwischen dem Gloria und Credo bildeten sich überall einzelne Gruppen, die unverhohlen ihre Bewunderung für diese Komposition aussprachen, durch die Cherubini den herkömmlichen Stil der Kirchenmusik weit übertraf. Ähnliches war in der That an Kirchenmusik noch nicht gehört worden; Cherubini hatte einen neuen Stil geschaffen, indem er, im Gegensatz zu Altmeister Palestrina, seinem Text dramatisch-bewegten Ausdruck verlieh und dadurch die Stimmung der frommen anbetenden, dankenden oder büßenden Seele zur vollendetsten und ergreifendsten Darstellung brachte. Bis zu dieser Zeit hatte nach Palestrina und den anderen großen Meistern der alten römischen Schule die Kirchenmusik stets das Ideale, das Übersinnliche zu interpretieren; sie sollte allein der Ausdruck reinsten Empfindens sein, ohne den menschlichen Gefühlen und Leidenschaften irgend welchen

Raum zu gestatten. Cherubini aber strebte, im Gegenteil in seiner Musik auch den wechselnden Inhalt des Textes zum Verständnis des Hörers zu bringen und dadurch dessen Herz zu ergreifen, sein religiöses Empfinden anzuregen und zu heben. Während Palestrina durch seine ernste hehre Musik das Unendliche, das Göttliche dem irdischen, in Ehrfurcht erschauernden Menschen vom Himmel herniederbrachte, führte Cherubini in seinen bewegten Tönen das betende Herz mit all seinen Leiden und Freuden hinauf vor Gottes Thron. Dadurch wurde er der Schöpfer einer völlig neuen modernen Kirchenmusik. Diese Messe allein, sagt Picchianti enthusiastisch, würde genügen, Cherubinis Namen unsterblich zu machen. Doch fehlte es nicht an Kritikern, worunter selbst Spohr, Schlüter und Clément, die Cherubinis Kirchenmusik ihrer dramatischen Bewegtheit halber theatralisch nennen. Allerdings beeilt sich Spohr, seinem Urteil hinzuzufügen, daß er sich jedesmal durch diese mächtigen Töne hingerissen und über alles kleinliche Kritteln erhaben fühle. Und wenn in der That in Cherubinis kirchlichen Kompositionen einige opernhafte Instrumentationseffekte vorkommen, so entbehren sie doch nie der höchsten Weihe, Würde und Feierlichkeit und verdient des Meisters Kirchenmusik nur insofern theatralisch genannt zu werden, als eben der dramatischen Musik im allgemeinen dieses Prädikat zukommt. Jedenfalls entsprach seine Kirchenmusik ganz der Definition des Papstes Benedikt XIV.: „Die musikalische Begleitung hat die Aufgabe, das Wort tiefer in die gläubigen Herzen eindringen zu lassen und die andächtigen Seelen zu Gott zu erheben." Ja, Girod nennt Cherubinis Kirchenmusik geradezu eine „Interpretation religiöser Wahrheiten".

Zweifelsohne hatte die tiefe Religiosität seines Charakters nicht geringen Anteil in dem Erfolg seiner kirchlichen Kompositionen. Wenn wir hören, daß Cherubini die Worte: „Laus Deo" an Anfang und Ende jedes in kirchlichem Stil gehaltenen Werkes schrieb, können wir auch verstehen, daß es die Inspiration eines gläubig empfindenden Herzens war, die ihn Töne zum Ausdruck bringen ließ, deren Innigkeit, Reinheit und Weichheit uns so sehr ergreift.

Noch in demselben Jahre 1809 wandte sich Cherubini auch der Oper wieder zu. Der Kaiser wollte nämlich fü den Sänger Crescentini anonym eine Oper geschrieben haben und Cherubini ließ sich von seinen Freunden, di schon lange gern des Kaisers Abneigung gegen den Künst ler besiegt hätten, überreden, eine neue Oper ohne Namensnennung herauskommen zu lassen. Er schrieb die einaktig Oper: „Pigmalione", die am 30. November 1809 auf den „Schloßtheater" der Tuilerien zur ersten Aufführung gelangte. Der Kaiser war in der Hauptscene zu Thränen gerührt und fragte nach dem Namen des Komponisten. Mehr Überraschung als Befriedigung spiegelte sich auf seinen Zügen, als ihm Cherubini genannt ward und kein Wort der Anerkennung kam über seine Lippen. Hinterher jedoch sandte er dem Meister eine Summe Geldes und beauftragte ihn, eine Ode für seine bevorstehende Hochzeit zu schreiben. Cherubini kam dem kaiserlichen Wunsch im Mai 1810 nach. Eine von ihm gewagte Widmung seiner „Pigmalione"Partitur an den Kaiser blieb ohne jede Antwort und Berücksichtigung.

Die nächsten Kompositionen Cherubinis waren im Winter von 1809 auf 1810 eine herrliche kleine Phantasie für Orgel. Der zu derselben Zeit zur Aufführung gelangte „Chant sur la mort de Haydn", für dessen Komposition Cherubini das Jahr 1805 nennt, war wohl eine zu jener Zeit zu Ehren des Altmeisters komponierte Hymne, die nun, mit neuem Text versehen, nach dem Ableben Haydns als Trauerhymnus benutzt ward.

Im Juli 1810 schrieb Cherubini die reizende „Litanie della Vergine" für den Fürsten Esterhazy, der bei seinem baldigen Scheiden aus Paris dem Künstler einen Ring im Werte von 16 000 Mark zum Andenken verehrte.

Biographie Cherubinis.

Auch eine neue Oper sollte das Jahr 1810 noch bringen; es war der Einakter „Le Crescendo" („Der Wechsel"), der am 1. September 1810 an der „Komischen Oper" in Scene ging. Das Buch war so bedeutungslos, daß die scenische Wirkung, die Cherubini nie gebührend zu berücksichtigen verstand, darunter verloren ging. Die mannigfachen Schönheiten der Partitur, namentlich die originelle, überaus wirksame Arie Martins, des Mannes, der keinen Lärm vertragen kann, konnten das Publikum nicht für die schleppende Handlung entschädigen.

Im Herbst desselben Jahres stattete Cherubini seinem liebenswürdigen Gastfreund in Chimay einen zweiten Besuch ab und komponierte gelegentlich der Aufführung ländlicher Feste im September und Oktober einen Marsch für Blasinstrumente, mehrere Tänze und zwei Trios.

Das Jahr 1811 war eine Zeit regen musikalischen Schaffens. Ende März begann der Meister seine berühmte zweite Messe in D=Dur, die er am 7. Oktober zur Vollendung brachte. Er brauchte zu dieser Komposition etwas mehr als sechs Monate: eine verhältnismäßig kurze Zeit im Vergleich zu dieser längsten Messe, die je geschrieben worden ist. Das Werk erreichte eine solche Länge, daß es nur bei besonders feierlichen kirchlichen Gelegenheiten zur Aufführung kommen kann. Allerdings thut ihm eine gehörige Kürzung keinen Schaden, da erstens fortwährende Wiederholungen vorkommen und ferner die einzelnen Teile so abgeschlossen in sich selbst, so unabhängig voneinander sind, daß einzelne Lücken nicht auffallen würden.

Die beiden, politisch so bewegten folgenden Jahre 1812 und 1813 ließen Cherubini nur wenig zu neuem Schaffen kommen. Aus 1812 ist uns nur seine Kantate: „Pour la Goguette", die am 16. Dezember aufgeführt wurde, überliefert.

Im Januar 1813 begann er eine neue dreiaktige Oper, die am 6. April 1813 an der „Großen Oper" zum erstenmal gegeben wurde. Es war: „Les Abencérages" („Die

Abenceragen"), Dichtung von Jouy. Der Kaiser und die Kaiserin wohnten der Première bei. Die Oper hatte keinen Erfolg; die Ouverture hatte zwar manch schöne feurige Züge, doch hielt man das Werk im ganzen für nicht auf der Höhe seines Genius stehend. Sicher aber hatten auch die unglückseligen Nachrichten vom russischen Kriegsschauplatz ihren Teil an diesem Mißerfolg. Es herrschte allgemeine Niedergeschlagenheit. Moskau war in Flammen aufgegangen und die „glorreiche" französische Armee befand sich auf dem Rückzug, heftig verfolgt von den Kosacken und den noch grimmigeren Feinden Hunger und Kälte. Naturgemäß wandte sich das öffentliche Interesse vom Theater ab.

Mit diesem letzten Versuch schien Cherubini auf das Theater verzichtet zu haben, denn zwanzig Jahre hindurch schrieb er nichts mehr für die Bühne als einige politische Gelegenheitsstücke, immer mit mehreren Mitarbeitern zusammen.

Dritter Abschnitt.
(1814—42.)

Der dritte Abschnitt zeigt uns den erfolgreichen Kirchenkomponisten, den einstigen fleißigen Forscher und Schüler in den Partituren Palestrinas.

Zunächst zeigt sich das ganze politische Durcheinander jener Zeiten namentlich in den Kompositionen aus den Jahren 1814 und 1815.

Anfang Februar 1814 schrieb Cherubini einen Marsch für die Nationalgarde, dem unmittelbar einige Einlagen für die allegorische Gelegenheitsoper: „Bayard à Mézières" folgten, die am 12. Februar 1814 an der „Komischen Oper" zur Erstaufführung kam. Den Hauptteil der Arbeit hatten Catel, Boieldieu und Isouard getragen, während Cherubini nach seiner eigenen Angabe nur ein Trio, ein Ensemble und das Kriegslied am Schluß geschrieben hatte. Die Komposi=

tion dieser Oper war, wie Cherubini berichtet, von der hohen Polizei für die Erheiterung des durch die politischen Ereignisse gedrückten Volkes befohlen. Darauf folgte eine Komposition für die Nationalgarde und im März 1814 eine Einlage „Chant guerrier" in ein am „Théâtre français" aufgeführtes Stück: „La rançon de Duguesclin". Im Mai schrieb Cherubini acht Stücke für Blasinstrumente für ein unter dem Befehl des Grafen Witzleben stehendes preußisches Regiment, denen im Juli eine Kantate folgt: für ein von der Pariser Garnison zu Ehren der Leibwache des Königs Louis XVIII. gegebenes Fest. Im August folgte eine andere Kantate für ein Fest, das die Stadt Paris dem König gab. Die bedeutendste Schöpfung dieses Jahres war das herrliche Quartett in Es-Dur Nr. 1.

Das neue Jahr 1815 brachte Cherubini auch noch einmal mit Napoleon zusammen, der jetzt während seines kurzen Regiments der „Hundert Tage" Cherubini zum Ritter der Ehrenlegion machte; eine Auszeichnung, deren Wert er dadurch schmälerte, daß er sie Cherubini nicht als Komponisten, sondern als Kapellmeister der Nationalgarde zu teil werden ließ. So weigerte er sich selbst in dieser Auszeichnung, den Komponisten auszuzeichnen.

Cherubini meinte, trotz seines Rittertums sei es jedenfalls besser, dem plötzlich wiedererstandenen Napoleonischen Regime etwas aus dem Wege zu gehen und folgte noch im März 1815 einer Einladung der „Philharmonischen Gesellschaft" nach London. Hier dirigierte er seine eigenen Kompositionen: eine Ouverture in G, die er im Februar in Paris begonnen hatte und nun in London beendete; ferner eine Symphonie in D und eine vierstimmige Kantate: „Inno alla Primavera". Weder die Ouverture, noch die Symphonie gefielen; ein Umstand, der bei letztgenannter Komposition um so merkwürdiger ist, da es die einzige Symphonie war, die dieser Meister und Beherrscher des Orchesters geschrieben hat.

Unterdessen waren die „Hundert Tage" verflossen, da politische Rad hatte sich wieder gedreht und der August 181... sieht den Komponisten wieder in Paris, wo er einen Cho... und Couplets für Saint=Louis und die Couplets „Vive l... roi" schreibt. Freilich brachte ihm das neue Regime, di... Bourbonen unter Ludwig XVIII., mit der Aufhebung de... Konservatoriums zunächst den Verlust seiner Stellung, abe... es war damit doch eine glücklichere Zeit für ihn angebroche... und die napoleonische Zurücksetzung und Mißachtung de... Meisters hatte für immer ihr Ende erreicht. Ludwig XVIII... erhöhte die Dreizahl der für die Akademie wählbaren Mu... siker auf sechs und Cherubini war einer der Neugewählten Die großen Akademien Europas beeiferten sich, ihn zum Ehrenmitglied oder zum Korrespondenten zu ernennen. Di... Wände seines Zimmers waren mit Ehrendiplomen geschmückt die man ihm von überallher zusandte. Im April 1816 er= stand das Konservatorium wieder unter dem Namen „König= liche Musikschule" und Cherubini ward zum Professor der Kompositionslehre ernannt. Auch erhielt er die Stelle eines Superintendenten an der königlichen Kapelle, als in demselber Jahre Martini, der sie bisher mit Lesueur innegehabt hatte, starb. Es berührt einen schmerzlich, wenn man die schlich= ten vielsagenden Worte Cherubinis hört, die er dem ihm die neue Stellung anbietenden königlichen Kammerherrn erwi= derte: „Monseigneur! Mein Freund Lesueur ist solch hoher Stellung viel würdiger als ich; wenn ich nicht meine Fa= milie zu ernähren hätte, wenn ich reich wäre, würde ich mich direkt weigern; wenn aber Se. Majestät mir die Teilhaber= schaft mit Lesueur gestatten will, will ich diesen Posten dank= bar annehmen." Der König willigte ein und auf Cheru= binis Teil kamen 3000 Franken. So sehen wir den großen Künstler noch in seinem 56. Lebensjahre mit Existenzsorgen belastet, bis er jetzt endlich durch königliche Gnade seines Talentes und seines Rufes würdige Stellungen erhält. Wel= cher Art seine Pflichten bei den Aufführungen der könig=

lichen Kapelle waren, sagt uns ein Brief Spohrs aus dem Jahre 1821: „Lesueur und Cherubini wechseln in ihrer Amtsführung alle drei Monate ab; keiner von ihnen dirigiert selbst, sondern sie präsidieren der ganzen Aufführung nur, ohne selbst thätig einzugreifen. Die wirklichen Direktoren sind Plantade und der erste und zweite Violinist, Kreutzer und Baillot. Plantade dirigiert und unter seiner sicheren Leitung geht alles ganz ausgezeichnet.

Allerdings mußte Cherubini von jetzt ab seiner Neigung, sich in seinen Kompositionen auszubreiten, Zügel anlegen. Die musikalischen Aufführungen in der königlichen Kapelle durften gewöhnlich nicht länger als eine halbe Stunde in Anspruch nehmen und — wenn es ihm auch schwer fiel — so kam doch der Künstler während der folgenden vierzehn Jahre mit gewohnter Geschicklichkeit den gestellten Anforderungen nach und das erklärt die Kürze der in dieser Zeit geschriebenen Messen im Vergleich zu denen in F und D-Dur. Selten wurde überhaupt eine vollständige Messe aufgeführt. Oft bestand der ganze musikalische Teil des Gottesdienstes aus einem Kyrie, dem eine Motette folgte. Daher von nun an die vielen, keiner Gesamtpartitur angehörenden Einzelnummern, die Cherubini schrieb; wir zählen dreizehn Kyries, zwei Gloria, ein Creto, neun O Salutaris, zwei Sanctus, zwei Agnus Dei, zwei Pater Noster, zwei Tantum ergo und siebzehn verschiedene Motetten.

Die äußeren Ehrungen, die jetzt dem Komponisten zu teil wurden, mochten ihn wohl auch zu einer Thätigkeit anspornen, die bei seinen fortgeschrittenen Jahren geradezu erstaunlich genannt werden muß. Das Jahr 1816 ist das meist beschäftigte seines ganzen Lebens. Am 29. und 30. Januar 1816 schrieb Cherubini eine mehrstimmige Kantate für ein Bankett, das die königliche Leibwache der Nationalgarde im Louvre gab und dem der König und die königliche Familie beiwohnten. Bis zum 14. März vollendete er die vierstimmige Messe in C-Dur, die, kürzer, aber nicht we-

niger schön und ergreifend als die Messen in F und D-Du
sich besser für die gewöhnliche kirchliche Aufführung eignet. Di
bedeutendsten Schöpfungen des Jahres 1816 sind noch da
vierstimmige „Pater noster" und das dreistimmige „O salu
taris". Dann folgte ein Tenorsolo: „Ecce panis angelorum
und das berühmte Sopransolo: „Ave Maria". Zu der ar
17. Juni 1816 in den Tuilerien stattfindenden Hochzeit de
Herzogs von Berri und der Prinzessin Charlotte von Neape
schrieb Cherubini: „Le mariage de Salomon" und beschlo
das Jahr mit seinem berühmten „Requiem" in C-Mo
zur Gedächtnisfeier des Todestages Ludwig XVI., das ar
21. Januar 1817 in der Abtei von St. Denis zur erste
Aufführung kam. Obgleich in Stil und Ausdruck völli
verschieden, hat man doch dies Requiem an Macht un
Größe des Eindrucks Bachs „Matthäus-Passion" zur Seit
gestellt und Berlioz nennt es das an Ideenreichtum, Form
vollendung und Stil bedeutendste Werk seines Meisters.

Aus den Jahren 1817 und 1818 ist besonders erwäh
nenswert, der vierstimmige Chor: „Iste dies", das eben
falls vierstimmige herrliche „Regina coeli" und die für de
Sonntag Septuagesimä 1818 geschriebene Motette: „Adju
tor et susceptor".

Auf einem Besuche Malabris im Frühjahr 1819 schrie
er das reizende Trinklied: „Hymne an Bacchus". Auc
eine neue Messe, die vierstimmige Krönungsmesse in G-Du
sollte dieses Jahr bringen. Er schrieb sie für die Krönun
Ludwigs XVIII., der den Komponisten dafür zum Ritte
des Sanct Michaelordens machte.

Im Jahre 1820 kam Spohr nach Paris, voll ungedul
diger Erwartung, den von ihm hochverehrten Cherubini nu
persönlich kennen zu lernen. In einem Privatbrief giebt e
seiner Freude über die überaus freundliche Aufnahme Aus
druck, die ihm seitens Cherubinis, der ihm als reserviert un
ablehnend geschildert worden war, zu teil wurde.

1821 beteiligte sich Cherubini auch wieder an eine

neuen einaktigen Oper: „Blanche de Provence", Dichtung von Théaulon und Rancé. Die Komposition war vom königlichen Hausministerium für die Taufe des Herzogs von Bordeaux, die am 1. Mai 1821 in Notre Dame stattfand, befohlen und Cherubini hatte daran in Gemeinschaft mit Berton, Boieldieu, Kreutzer und Paër gearbeitet. Jeder Komponist dirigierte die von ihm geschriebenen Nummern selbst. Am 3. Mai kam das Werk an der „Großen Oper" zur zweiten und am 21. Mai zur nochmaligen Aufführung, um dann zu verschwinden. Das einzige, was sich davon erhalten hat, ist Cherubinis reizendes Wiegenlied, das damals auch dem König außerordentlich gefiel. Erwähnenswert aus dem Jahre 1821 ist noch die im Oktober und November geschriebene, reizvolle, kleine vierstimmige Messe in B-Dur.

Eines der wichtigsten Ereignisse seines Lebens sollte das folgende Jahr 1822 bringen. Das Konservatorium, das unter dem Namen: „Königliche Musikschule" seit 1816 weiterbestanden hatte — einem Titel, den es bis 1830 behielt — war ziemlich in Verfall geraten. Der seitherige Leiter, der „Generalinspektor" Perne, war wohl als Musiker fähig genug gewesen, einen solchen Platz auszufüllen, aber er hatte jeder Unterstützung seitens der Regierung entbehren müssen. Die wenigen Lehrer erhielten ein lächerlich kleines Gehalt; es fehlte an Instrumenten für den Schulgebrauch, ja sogar am nötigen Heizmaterial im Winter. Perne konnte das schließlich nicht mehr ertragen und reichte im Januar 1822 ein kurzes Entlassungsgesuch ein. Dadurch wurde der Minister des königlichen Hauses, Marquis von Lauriston, auf das Konservatorium aufmerksam. Er erkannte, daß hier vor allem reiche Mittel und eine energische Hand not thäten, wenn das Institut überhaupt weiterbestehen sollte. Und auf sein Betreiben wurde nun Cherubini am 1. April 1822 mit einem Gehalt von 8000 Franken und 1500 Franken Wohnungszuschuß zum Direktor des Konservatoriums ernannt. So ward dem schon bewährten Künstler — er war damals

61 Jahre alt — nun endlich die Gerechtigkeit, daß man ihn an die leitende Stelle des höchsten musikalischen Instituts Frankreichs stellte. Cherubini war gerade der rechte Mann dazu. Die neue Leitung machte sich bald bemerkbar. Vor allem war der neue Direktor darauf bedacht, die besten Kräfte für alle Zweige des musikalischen Wissens zu engagieren. So lasen unter ihm Lesueur, Berton, Boieldieu, Reicha, Fétis, Dourlen und Daussoigne über Kompositionslehre; Lays, Garat, Plantade, Ponchard, Blangini, Vordogni und Garaudé lehrten Gesang und Benoist, Pradher, Zimmermann, Kreutzer, Baillot, Habeneck, Baudiot, Levasseur, Lefebvre, Delcambre, Guillou, Vogt und Douprat gaben Instrumentalunterricht. Es ging nun mit peinlicher Genauigkeit zu im neuen „Hause", wie Cherubini selbst sein Institut nannte; jeder Professor hatte vor Beginn seines täglichen Unterrichts seinen Namen in eine Präsenzliste einzutragen, die dem Direktor vorgelegt wurde. Auch auf die regelmäßige Teilnahme der Schüler wurde gesehen. Damit verlangte Cherubini von andern nicht mehr als von sich selbst. Er war die verkörperte Genauigkeit und Pünktlichkeit. Mit dem Glockenschlag zehn Uhr war er jeden Morgen in seinem Bureau und begann seine amtlichen Geschäfte zu erledigen; nie kam er einige Minuten zu früh oder zu spät. Immer die Uhr in der Hand berechnete er die Zeit, in denen seine Aufträge ausgeführt sein mußten. Unpünktlichkeit der Schüler konnte ihn in große Aufregung versetzen. Sogar sein hoher Gönner, der Marquis von Lauriston, der einmal zu einer Preisverteilung zu spät kam, mußte sich mit den tadelnden Worten: „Sie kommen sehr spät, mein Herr!" von Cherubini begrüßen lassen. Das strenge Pflichtgefühl und der peinliche Ordnungssinn, mit denen Cherubini sich seiner Stellung widmete, hatten gar bald einen mächtigen Aufschwung des gesamten Instituts zur Folge. Von besonderer Wichtigkeit dafür war auch, daß er gleich im August 1822 das Pensionat des Konservatoriums wieder er-

öffnete und ebenso die in Wegfall gekommenen musikalischen Wettbewerbungen der Schüler wieder einführte. Für letztere schrieb er sofort einige Entwürfe: zwei Solfeggis, ein Lied und zwei Arien für Hoboe und für Klarinette. An kirchlicher Musik ist die bemerkenswerteste Komposition des Jahres 1822 die Hymne: „O fons amoris", ein Tenorsolo, das durch den zeitweise einfallenden und das Crescendo des Solisten vorbereitenden Chor eine prächtige Wirkung erzielte.

Das Jahr 1823 bringt außer einer ganzen Reihe Aufgaben für das Konservatorium das vierstimmige „Kyrie in C-Moll, die für den Lätaresonntag komponierte Motette: „Laetare Jerusalem" und die zu Ehren der Rückkehr des Herzogs von Angoulême geschriebenen Stanzen. Im Dezember schrieb er noch das vortreffliche vierstimmige: „Inclina Domine", das in drei Teile zerfällt. Den Anfang bildet ein vom Chor gesungenes ergreifendes Gebet; dem folgt ein Tenorsolo und der antwortende Chor bildet den Schluß.

Um diese Zeit sollte Cherubini auch mit dem damals noch ganz jungen Liszt zusammenkommen. Aus einem Brief, den Liszts Vater aus Paris im Herbste 1824 schrieb, ersehen wir, daß der junge Künstler damit beschäftigt war, eine Oper zu schreiben. Cherubini, der Mitglied der Censurbehörde war, scheint ihm nicht allzuviel zugetraut zu haben, denn als er davon hörte, rief er: „Was? Glauben Sie, daß eine Oper komponieren so leicht ist, wie Klavierspielen?" Doch fand das im nächsten Jahre vollendete Werk Liszts auch vor seinen strengen Augen Gnade.

Das Jahr 1825 brachte am 29. Mai die Krönung König Karls X. zu Rheims und Lesueur und Cherubini fiel die Aufgabe zu, zu dieser glänzenden Feier die Musik zu komponieren. Cherubini behielt sich nur die Messe vor und überließ alles übrige Lesueur. Die großartigen Raumverhältnisse der Rheimser Kathedrale bedingten eine besonders starke Instrumentierung und Cherubini bildete sich ein kleines Riesenorchester. Es bestand aus 20 ersten und 20 zweiten Sopranen, 28 Tenören und 28 Bässen. Die Begleitung bildeten 36 erste Violinen, 30 zweite Violinen, Violoncellos und Kontrabässe, 28 Blasinstrumente und 8 Trommeln; im ganzen 102 Instrumente und 198 ausführende Künstler. Diese elfte und letzte Messe Cherubinis in A-Dur ist nach dem einstimmigen Urteile der Kritik ob ihrer Größe der Erfindung und Tiefe der Auffassung, wegen ihrer Hoheit des Ausdrucks, und Reichtums und Glanzes der Harmonie die bedeutendste und bekannteste, die Cherubini geschrieben hat. Beim Hören dieser Musik sagt man sich, daß der Autor ein überzeugungsgläubiger Katholik sein muß, um eine solche tief innerlich empfundene Musik schreiben zu können; in diesen Tönen erreicht er die Tiefen christlicher Mysterien. Hummel, der einer der folgenden Aufführungen in der Halle der „Mes-Plaisirs" in Paris beiwohnte, umarmte am Schluß Cherubini mit dem enthusiastischen Ausruf: „Das ist Gold, was Sie uns in Ihrer Messe geben". Auch der König bezeugte seine Anerkennung dadurch, daß er Cherubini zum Offizier der Ehrenlegion ernannte. Cherubini war überhaupt jetzt der allgemein anerkannte Held des Tages.

1825 sandte ihm Friedrich Wilhelm III. von Preußen für eine übersandte Komposition einen kostbaren Diamantring, der von einem huldvollen Handschreiben begleitet war.

1826 verlieh der Großherzog von Hessen dem Künstler das Verdienstkreuz.

Im Herbst 1825 kam Mendelssohn, damals ein Knabe von fünfzehn Jahren, mit seinem Vater nach Paris, um das musikalische Orakel Cherubini zu besuchen und seinen Rat einzuholen. Obgleich Cherubini emporstrebende junge Talente, wie wir schon bei Liszt sahen, besonders scharf kritisierte, versagte er dem jungen Deutschen doch nicht seine Anerkennung; ein Vorzug, dessen sich Halévy und Auber bei weitem nicht in dem Maße zu erfreuen hatten. So erzählt man in einer hübschen Anekdote, daß Halévy, den Cherubini übrigens trotz seiner zeitweiligen scharfen Kritik zärtlich wie einen Sohn liebte, den Meister einmal mit in eine seiner, eben zur ersten Aufführung kommenden Oper nahm. Nach dem ersten Akt fragte der Schüler seinen Lehrer, wie ihm die Oper gefiele. Cherubini gab keine Antwort. Am Ende des zweiten Aktes wiederholte Halévy seine Frage mit demselben Resultate. „Sie antworten mir ja nicht einmal!" rief nun der gekränkte Autor aus. „Was soll ich denn antworten?" erwiderte mit unerschütterlicher Ruhe der strenge Meister, „Sie haben mir ja in den letzten zwei Stunden nichts gesagt!"

Besonders Berlioz, der eifrige Verehrer Beethovens, konnte keine Gnade vor Cherubinis Augen finden; sicher haben da aber persönliche Motive mitgespielt und ist es nicht unwahrscheinlich, daß der alternde Cherubini, der bisher auf musikalischem Gebiet eine unumschränkte Herrschaft ausgeübt hatte, auf das kühne, ganz autokratisch auftretende Talent eifersüchtig war.

So absolvierte Berlioz des öfteren den Vorbereitungskursus für Zulassung zum Wettbewerb der Schüler des Konservatoriums, ohne jedoch zugelassen zu werden. Endlich gelang es ihm doch. In dem, dem Tasso entnommenen Thema kam eine Stelle vor, für die von der Jury lebhaftes Tempo vorgeschrieben war; Berlioz hielt es jedoch für besser, den betreffenden Text als feierliches Gebet zu interpretieren und handelte in seiner Komposition demgemäß. Zu seiner eigenen Überraschung erhielt er den zweiten Preis und er hätte sicher den ersten erhalten, wäre nicht Cherubini mit seiner gewichtigen Stimme gegen ihn aufgetreten. Auf recht gutem Fuß stand Cherubini mit Boieldieu, zu dessen am 23. Januar 1827 stattfindender Hochzeit er die Hymne: „O salutaris', komponierte.

Um diese Zeit machte Baillot durch seine Quartetts viel von sich reden. Er war es, der in Cherubinis Pult, das schon vor mehreren Jahren geschriebene, aber niemals aufgeführte Quartett in Es fand und der Vergessenheit entriß. Die Komposition erregte nicht nur in Frankreich, sondern auch in Deutschland allgemeine Bewunderung. Der Erfolg bewog Cherubini, auch dieses von ihm noch nicht betretene Feld der Komposition zu pflegen. Zunächst nahm er an der im Jahre 1815 in London geschriebenen und durchgefallenen Symphonie in D eine gründliche Veränderung vor, schrieb ein neues Adagio hinzu und so entstand das ebenfalls als rühmlich bekannte Quartett in C. Die beiden genannten Quartetts veröffentlichte der greise Meister zusammen mit einem dritten in D-Dur im Jahre 1835 und widmete das Werk Baillot, dem er sich dadurch für die empfangene Anregung dankbar erzeigte. Cherubini schrieb außerdem noch drei Quartetts, die nicht zur Veröffentlichung gekommen sind.

Im allgemeinen fand Cherubini wenig Zeit zum Komponieren und ging ganz in den Pflichten seines Berufes auf. Mit besonderem Eifer gab er sich der Gründung der „Société des concerts du conservatoire" hin, die durch einen Erlaß vom 15. Februar 1828 dauernd begründet wurde. Durch die Idee Habenecks, Konzerte, zuerst privater Natur, zu veranstalten, kam Cherubini dazu, einen schon längst gehegten Plan zur Ausführung zu bringen, nämlich die seit 1815 in Wegfall gekommenen öffentlichen Musikaufführungen der Konservatoristen in neuem Glanze erstehen zu lassen. Zunächst suchte er den Minister Larochefoucault für seine Idee zu interessieren und auf dessen Betreiben bewilligte die Regierung eine jährliche Summe von 2000 Franken zur Bestreitung der Unkosten. Habeneck wurde auf Cherubinis Empfehlung zum Dirigenten der zu veranstaltenden Konzerte ernannt, die am 9. März 1828 mit der „Eroïca-Symphonie" Beethovens eröffnet wurden und bald einen Weltruf erlangen sollten.

Gewöhnlich fanden die Konzerte Sonntag nachmittags

zwei Uhr statt; doch wurden auch unter dem Namen „Geistliche Konzerte" hie und da einige in der Woche gegeben. Aber bald sollte auch hierin wieder die leidige Politik dem von diesen Aufführungen sehr eingenommenen, nunmehr siebzigjährigen Künstler einen Streich spielen. Die bevorstehenden Ereignisse warfen ihre düsteren Schatten schon auf eine Extraaufführung am 30. Mai 1830. Cherubini hatte aus Rücksicht auf den königlichen Hof, von dem noch niemand erschienen war, nicht mit der gewohnten Pünktlichkeit anfangen lassen; endlich kam, zehn Minuten zu spät, eine königliche Prinzessin — und im Publikum erhob sich allseitig ein Zischen des Mißfallens, das nicht völlig durch die Stimmen der Sänger, denen der erschrockene Cherubini das Zeichen zum Beginn gab, unterdrückt werden konnte. Es war das nur ein Zeichen der im Volke herrschenden Gärung. Aber der Sturm ließ nicht mehr lange auf sich warten. Am 25. Juli 1830 sang der Chor der königlichen Kapelle die letzte Messe. Die Julirevolution war ausgebrochen und mit der Auflösung der königlichen Kapelle verlor Cherubini seinen Posten als Intendant. Allerdings konnte das Ereignis nicht mehr von einschneidendem Einfluß auf sein Leben sein.

Die nächste Arbeit, zu der er sich entschloß, war wieder, nach langjähriger Pause, der Bühne gewidmet. Er schrieb die Einführung zu der großen dreiaktigen Oper: „La marquise de Brinvilliers", Dichtung von Scribe und Castil-Blaze, die am 31. Oktober 1831 an der „Komischen Oper" zur ersten Aufführung kam; es war eine Compagniearbeit, zusammen mit acht Komponisten. Aber das Publikum hatte nun einmal keinen Geschmack mehr an Derartigem und obgleich sich so auserlesene Künstler wie unser Altmeister, Auber, Boieldieu, Herold, Batton, Berton, Carafa, Blangini und Paër an der Abfassung der Partitur beteiligt hatten, hatte das Werk doch keinen Erfolg.

Die Bühne aber hatte doch noch nicht ihren Reiz für

Cherubini verloren. Zwei Jahre später machte sich der bejahrte Meister an sein letztes großes selbständiges Bühnenwerk. Es war: „Ali Baba ou les quarante voleurs" („Die vierzig Diebe"), Oper in vier Aufzügen. Das Libretto war von Scribe und Melesville und fand die Erstaufführung am 22. Juli 1833 an der „Großen Oper" statt. Auf Veranlassung seiner Freunde hatte er mehrere Nummern aus seiner lange vorher, während der Revolutionszeit geschriebenen aber nie aufgeführten Oper: „Koukourgi", sowie einen Marsch aus „Faniska" eingefügt und überhaupt mit so großem Eifer gearbeitet, daß die Partitur bald den Umfang von tausend Seiten erreichte. Trotzdem besaß er selbst kein Vertrauen zu diesem letzten Kind seiner Muse und hatte den Direktor der „Großen Oper" Véron, im Verdacht, daß er nur durch den Klang seines großen Namens bewogen, die Oper angenommen hatte. Nach der Hauptprobe litt es ihn nicht mehr in Paris; er eilte nach Versailles; dort saß er am Abend der Erstaufführung und verfolgte mit der Uhr in der Hand die Dauer des Spiels. Er hatte sich in seinen Befürchtungen nicht getäuscht: das Werk erlebte nur fünf Aufführungen. Die mannigfachen Schönheiten der Partitur, die von der Kritik rühmend anerkannt wurden, wurden durch das einseitige Bestreben, orchestrale Effekte zu erzielen, erstickt und über dem Lärm der Trompeten und Cymbals völlig überhört.

Der Meister war jetzt dreiundsiebzig Jahr alt. Die Sehnsucht nach der vor so langer, langer Zeit verlassenen Heimat erwachte in seinem Herzen. Er hätte gern das alte liebe elterliche Haus, die Stätten seiner kindlichen Spiele wiedergesehen. In Florenz lebte außerdem ein Sohn seiner Schwester, sein Neffe Dr. Philipp Nesti, ein Professor der Mineralogie. Auch seine jüngere geliebte Tochter Zenobie, die in Pisa an Rosellini verheiratet war, wollte er besuchen. So bereitete er eine Aufführung von „Ali Baba" in Marseille vor und gedachte von dort aus nach Italien hinüber zu reisen. Doch es war ihm nicht bestimmt, sein Vaterland wiederzusehen. Unmittelbar vor seiner Reise nach Marseille brach die Cholera dort aus und alle seine Pläne wurden damit zunichte.

Cherubini blieb also in Paris und beendigte im Juli 1834 sein drittes Quartett in D-Dur, dem 1835 zwei andere in E-Dur und F-Dur folgten.

In demselben Jahre (1835) erschien sein „Lehrbuch des Kontrapunktes und der Fuge", das aus einer übersichtlichen Zusammenfassung seiner täglichen Vorträge bestand. So war der Alte unermüdlich thätig.

Es ist erstaunlich und in den Annalen der Musikgeschichte beispiellos, daß ein sechsundsiebzigjähriger Greis noch ein Werk schreibt, wie es das zweite Requiem Cherubinis in D für drei Stimmen (zwei Tenöre und ein Baß) war, das von der Kritik mit unter seine Meisterwerke gerechnet wird. Begonnen im Januar oder Februar 1836, wurde es am 24. September in Montlignon zur Vollendung gebracht. Die ganze herrliche Komposition verrät die tiefernste andächtige glaubensinnige Stimmung ihres betagten Schöpfers. Es war der letzte wundervolle Aufschwung dieses mächtigen Genius.

Ein im Juli 1837 begonnenes und im Oktober vollendetes Quintett in E-Moll, das einzige, das Cherubini geschrieben, zeigt unverkennbare Merkmale seines hohen Alters. Der Greis zog sich jetzt immer mehr in seine traute Häuslichkeit zurück, wo ihm die sorgliche Liebe seiner treuen Gattin, seines Sohnes und seiner ältesten Tochter seine letzten Lebensjahre verschönten.

„Ich habe nichts mehr mit der Musik zu thun," sagte er zu Moscheles bei Gelegenheit eines Besuches, den ihm dieser im Jahre 1839 machte; „das einzige, was mich mit ihr noch verbindet, ist die Leitung des Konservatoriums."

Der Körper war zu schwach, um überhaupt noch starke musikalische Eindrücke vertragen zu können. Und doch griff der greise Künstler noch einmal zur Feder und schrieb im Januar 1842 einen Kanon mit selbstverfaßtem Text. Es war der Dank für sein vom berühmten Maler Ingres gemaltes, sprechend ähnliches Porträt, das später in der Luxembourg=Galerie einen Platz fand. Es zeigt uns den Meister der Töne in moderner Kleidung auf einem Fauteuil sitzend, den Kopf auf die rechte Hand gestützt und das sinnende Auge auf den Beschauer gerichtet. Polyhymnia, die himmlische lorbeergekrönte Muse steht aufrecht hinter dem Stuhle. In der linken Hand hält sie die Leier und die rechte streckt sie wie segnend über ihren Günstling und Schützling aus. Eine originelle Auffassung, die das Reale und Ideale in überaus gelungener Weise verbindet.

Um dieselbe Zeit, Anfang 1842, traf ihn der Tod seines Schwiegersohnes Turcas sehr hart.

Seine Kräfte verminderten sich und er ersuchte nun am 4. Februar 1842 in so energischer Weise um seine Entlassung, die er vorher schon einigemal erbeten hatte, daß sie ihm genehmigt wurde. Allein der König Louis Philipp, darauf bedacht, so große Verdienste gebührend zu würdigen, ernannte ihn zum Kommandeur der Ehrenlegion, welche Würde zum erstenmal einem Musiker gewährt wurde.

Cherubini genoß sie nicht lange. Am 12. März 1842 trat ein plötzlicher rascher Kräfteverfall ein und am 15. März 1842 in der sechsten Morgenstunde starb er in seinem zweiundachtzigsten Lebensjahre, nicht ohne sich mit eiserner Willenskraft gegen den Tod gewehrt zu haben. „Je ne veux pas mourir!" („Ich will nicht sterben!") rief er, sich aufbäumend, im letzten schweren Kampfe aus. An seinem Sterbebette standen außer seiner eigenen Familie noch Halévy, Batton und einige andere vertraute Freunde.

Als Kommandeur der Ehrenlegion wurden ihm bei seinem Leichenbegängnis militärische Ehren erwiesen. Der Leichenzug, an dem ungefähr tausend Personen teilnahmen, bewegte sich feierlich unter den Klängen von Cherubinis

Totenmarsch über die Boulevards nach der Kirche Saint-Roch. Dort kam, seinem letzten Wunsche gemäß, sein zweites, 1836 komponiertes Requiem zur Ausführung, das auf alle Hörer einen tiefen unvergeßlichen Eindruck machte. Von der Kirche ging der Zug nach dem Friedhof Père la Chaise, wo der Leichnam unter strömenden Regen zur letzten Ruhe gebettet wurde. Außer Rochette und Lafont sprach auch Halévy am offenen Grabe warme Worte des Nachrufs. Der Herzog von Coigny setzte sich an die Spitze einer Kommission, die eine Sammlung für einen des Künstlers würdigen Denkstein veranstaltete. Das Ergebnis war das auf dem Friedhof Père la Chaise befindliche Grabmal mit dem von Dumont in Marmor gefertigten Basrelief des Kopfes des florentinischen Meisters. Die Muse krönt sein Haupt mit einem Kranz und am Piedestal sind unter den Überschriften: „Musique religieuse" und „Musique dramatique" Cherubinis Hauptwerke eingegraben.

Vor achtundfünfzig Jahren hatte Cherubini seine Vaterstadt für immer verlassen, aber mit Stolz nannte und feierte sie ihn jetzt als ihren Sohn. Am 22. April 1842 ward zu Florenz in der Kirche Sanct Gaetan und Sanct Michael eine Gedächtnistafel, die die Verdienste des in der Ferne abgeschiedenen Sohnes und Mitbürgers rühmend aufführte, aufgehängt und eine feierliche, in des Meisters eigenen Tönen erklingende Totenmesse abgehalten.

Ein allgemeiner Eifer durch Ehrungen aller Art, ein tiefes Verständnis für den heimgegangenen großen Genius zu zeigen, trat zutage. Die Stadtverwaltung von Paris gab einer zur „Großen Oper" führenden neuen Straße seinen Namen. Am 7. April 1842 wurde in Paris zu Ehren seines Gedächtnisses eine glänzende Neuaufführung der „Les deux journées" veranstaltet. Das Haus war überfüllt und die gehobene Stimmung aller, der ausführenden Künstler wie des Publikums, führten die durch vierzig Jahre erfolgreiche Oper zu einem neuen Triumph. Nach der Vorstellung erhob sich der Vorhang noch einmal, um Cherubinis Büste, umgeben von den ersten Pariser Künstlern, im Kostüm der Opern des Meisters zu zeigen. Eine Ansprache der beiden ersten Darsteller des Abends in von Bouilly, dem damals achtzigjährigen Textdichter der „Les deux journées", verfaßten Versen beschloß die würdige Feier.

Bouilly selbst, der erfolgreiche Mitarbeiter des großen Cherubini bei seiner volkstümlichsten Oper: „Les deux journées" folgte dem Urheber der Töne nur um einige Wochen, am 26. Mai desselben Jahres nach in die stille Gruft.

Auch Florenz benannte eine Straße und ein Theater nach seinem großen Sohne Cherubini. Die in der Kirche Sanct Gaetan und Sanct Michael eingeweihte Gedächtnistafel fügte man einer Bronzestatue von ihm ein, die sich bald in seiner Vaterstadt erhob.

In Pisa ward Anfang April eine feierliche Totenmesse für den Verblichenen abgehalten.

Am 7. Oktober 1843 hielt Raoul Rochette im Konservatorium zu Paris die Gedächtnisrede auf Cherubini.

Rossini, der den Tod seines Landsmannes aufrichtig betrauerte, sandte an Cherubinis Witwe ein Bild des Verstorbenen, das ihn in seinen jungen Jahren darstellte und fügte die herzlichen trostreichen Worte bei: „Hier, gnädige Frau, empfangen Sie das Bild eines großen Mannes, der in Ihrem Herzen so jung wie in meiner Erinnerung lebt."

Eine herrliche allegorische Gruppe, mit dem Medaillonbild Cherubinis von Fantacchiotti, ganz in Marmor ausgeführt, fand im Jahre 1869 in der Kirche Santa Croce in Florenz Aufstellung. Das Geburtshaus des unsterblichen Meisters in der Via Fiesolana schmückt eine Gedächtnistafel mit der Inschrift:

QUI NACQUE IL XIV SETTEMBRE MDCCLX
LUIGI CHERUBINI
CHE SOMMO NEL MAGISTERO DELL' ARMONIA
CREATORE DI SUBLIMI MELODIE RELIGIOSE
RESTAURO OGNI MANIERA DI MUSICO STILE
E NELLE RAGIONI DELL' ARTE
SERBO PEREGRINO FRA GLI STRANIERI LA
GLORIA
DEL PRIMATO ITALIANO.

„Hier ward geboren am 14. September 1760 Luigi Cherubini, der ein vollendeter Meister der Harmonie, Schöpfer erhabener religiöser Melodien, jede Art musikalischen Stils reformierte und, obgleich ein Wanderer in der Fremde, in alledem den Vorrang italischen Ruhms aufrecht erhielt."}

*

So hatte diese lange ruhmvolle musikalische Laufbahn ihr Ende gefunden. Überraschend war die Fruchtbarkeit und Vielseitigkeit dieses Genius gewesen, der während seines langjährigen Schaffens kaum jemals Ruhe gekannt hatte. Wozu auch viel Ruhe, wenn Wissen und Begabung sich in so seltenem Maße vereinen! Und man darf trotz dieser eifrigen fruchtbaren Thätigkeit daran festhalten, daß keiner Arbeit der Vorwurf der Eilfertigkeit oder Nachlässigkeit gemacht werden kann. Davor bewahrte Cherubini schon der heilige Ernst, mit dem er seiner Muse huldigte.

Wir wollen noch einen seiner zeitgenössischen Beurteiler — und zwar einen der Auserwählten — reden lassen. Adolph Adam, der Schöpfer des „Postillon von Lonjumeau", schrieb damals: „Cherubini hat eben seinen letzten Atemzug ausgehaucht. Er, dessen Werke ganz Europa in Entzücken versetzt haben, ist nicht mehr. Die Unsterblichkeit hat nun auch für diesen großen Geist begonnen. Nur wenigen Musikern

ist eine so bewunderungswürdige erfolgreiche Laufbahn b
schieden. Während der zweiten Hälfte des letzten Jahrhu
derts, sowie in der ersten des unseren ward sein Name ste
mit Hochachtung genannt; seine Werke wurden von Mu
kern aller Schulen als Muster gerühmt und benutzt; ih
Reinheit, ihre Klassicität erhob sie hoch über alle Modeplat
heiten, über alle dem Geschmack des Publikums gemacht
Konzessionen. Rossini, Auber und Meyerbeer, diese drei Ve
treter der italienischen, französischen und deutschen Schu
beugten sich vor dem großen Cherubini, dessen Werke
eifrig studierten; vor ihm, der seinen Ruhmeslauf früher a
sie alle begonnen und ihnen vielleicht den Weg gezeigt u
geebnet hatte. Obgleich Cherubinis Stil eher zur deutsch
als zur italienischen Schule hinneigt, kann man ihn do
nicht der ersteren zurechnen. Sein Stil ist weniger itali
nisch als der Mozarts, reiner als der Beethovens; es i
eher die alte italienische Schule, doch eine, die die Vortei
und Errungenschaften der modernen Harmonielehre erkam
und ausgenutzt hatte: das war ins Moderne übersetzter P
lestrina. Ich glaube, wenn Palestrina in unserer Zeit g
lebt hätte, er würde Cherubini gewesen sein; bei ihm finde
wir dieselbe Reinheit, dieselbe weise Benutzung der Hilf
mittel, denselben Erfolg, der durch, man kann sagen g
heimnisvolle Ursachen erreicht wird. Die Werke diese
Meisters werden stets als Muster benutzt werden, weil f
alle nach einem strengen und beinahe mathematischen Pla
ausgeführt sind."

Alles war bei ihm exakt und planmäßig angelegt un
ausgeführt. Und gerade in dieser peinlich genauen, stren
stilmäßigen Form dürfen wir vielleicht ebensowohl den Grun
der Unpopularität mancher seiner Werke als ihrer unver
welklichen Frische suchen.

So sagt auch Adam weiter: „Man vergleiche nur di
Erstlingswerke Mozarts mit denen Cherubinis — die bei
nahe zu derselben Zeit geschrieben sind, da nur ein Alters

unterschied von vier Jahren zwischen beiden Künstlern bestand — und man wird mit Erstaunen merken, daß manche Stellen aus Mozart veraltet erscheinen, während in Cherubinis Musik nichts die Zeit verrät, in der sie geschrieben ist."

Ritter Seyfried hat in einem Vortrag über Beethoven bestätigt, daß dieser große Musiker Cherubini für den ersten der damaligen Komponisten hielt. Es ist diesem Lob nichts hinzuzufügen. Das Urteil eines Rivalen wie Beethoven ist für Cherubini die Stimme der Nachwelt selbst.

Die Witwe Cherubinis, die den allerglücklichsten Einfluß auf sein Leben ausgeübt hatte, starb zu Neuilly bei Paris am 1. Juli 1864.

Die Autogramme fast der sämtlichen Kompositionen Cherubinis befinden sich, eine in ihrer Art einzige Sammlung, einen großen Wandschrank füllend, im Besitz der Musikabteilung der königlichen Bibliothek in Berlin.

Es erübrigt noch, einige Worte zur Charakterisierung des Komponisten Cherubini als Mensch hinzuzufügen. Was zunächst seine äußere Erscheinung, sein Benehmen in der Öffentlichkeit betrifft, so soll Arnold, ein persönlicher Bekannter des Meisters, sprechen. „Cherubini ist im Umgang ein äußerst stiller bescheidener anspruchsloser Mensch, gefällig, zuvorkommend und von den feinsten einnehmendsten Sitten. Wer es nicht weiß, daß er sich mit Cherubini unterhält, wird es schwerlich erraten, so sehr weiß der bescheidene Mann alles zu verbergen, was nur von weitem auf Ostentation, Prahlerei oder Sprechen von seinen Verdiensten Bezug haben könnte. Ja, er vermeidet geflissentlich von seinen Werken zu sprechen und, wenn er ja darauf gebracht wird, so redet er von seinen größten Meisterwerken immer nur wie von Versuchen, von Vorbereitungsarbeiten zu Besserem, Vollendeterem. Seine Stimme ist schwach, vermutlich von Brustkrämpfen, und etwas heiser, dabei aber sehr fein und matt. Sein braunes italienisches Gesicht ist etwas verfallen, sein Kopf beugt sich nach vorwärts: beides zeugt von außerordentlicher Anstrengung. Seine Nase ist groß und schön gebogen, eine echt römische Nase. Die Augenbrauen sind dicht, schwarz und etwas buschig. Überhaupt lagern sich über seinen Augen mehrere düstere Züge. Die großen dunkeln schwarzen Augen blitzen ein außerordentliches Feuer und beleben die ganze übrige erstorbene Gesichtsbildung wunderbar. In ihnen mischt sich etwas Düsteres, schwermütig Starres, das im ersten Anblick zurückstößt, aber gleich im zweiten wieder mit unendlichem Wohlwollen anzieht; eine namenlose, beinahe möchte ich sagen kindliche Gutmütigkeit. Sein rabenschwarzes Haar liegt glatt auf dem Hinterkopf, sträubt sich aber in einigen krausen Locken an den Schläfen. Die eine schwarze dünne Locke, die ihm von der Mitte der Stirn bis tief ins Auge herabhängt, giebt ihm etwas ungemein Sanftes, schwermütig Hingebendes, Gutmütiges. Das Haar im ganzen glänzt immer und hat den Anschein, als sei er soeben mit dem Kopfe aus dem Bade gestiegen. Er ist sehr lang und schlank von Wuchs und dabei trotz des kolossalen Wuchses sehr proportioniert und hat besonders einen fein geformten Fuß. Als ich ihn sah, war er nicht melancholisch, vielmehr traf ich ihn die beiden Male sehr heiter. Ausgelassen waren freilich seine Äußerungen nie. Er ließ vielmehr durch ein geebnetes Gesicht, durch ein heiteres Auge die innere Freude erraten. Ein sanfter stiller, in sich gekehrter feiner denkender Mann. Seine Kleidung war ein feiner dunkelbrauner Überrock mit großen Metallspiegelknöpfen; unter diesem ein schwarzer Frack, schwarze Weste und Beinkleider. Im ganzen sehr einfach und äußerst reinlich."

Die pedantische Ordnungsliebe Cherubinis war fast sprichwörtlich geworden. Fiel einmal ein Tintenfleck auf seine kalligraphisch geschriebenen Partituren, so schnitt er ihn mit dem Radiermesser rund aus und setzte ein frisches Stückchen Papier so genau ein, daß man die Stelle kaum bemerken konnte. Ein anderes gelungenes Beispiel ist, daß der ordnungsliebende Mann niemals seinen Regenschirm verlieh, da er die Erfahrung gemacht hatte, ihn nicht wieder zu erhalten. Eines Tages ging er die Boulevards entlang, als es stark zu regnen begann. Einer seiner Verehrer, der gerade vorbeifuhr, erkannte den unter seinem Schirm dahineilenden Meister, ließ halten, stieg aus und stellte ihm seinen Wagen zur Verfügung. Da ihre Wege nach verschiedenen Richtungen gingen, bat er Cherubini, der rasch in den Wagen geklettert war, höflich: „Wollen Sie mir nicht Ihren Regenschirm leihen?" — „Nein," sagte Cherubini, „ich verleihe meinen Regenschirm nie" — und fuhr ab. Von seiner Vorliebe für strengste Pünktlichkeit haben wir schon gesprochen; fast beständig hatte er im Konservatorium die Uhr in der Hand. Über allzugroße Freundlichkeit im Verkehr hatten sich die Professoren seines Instituts jedenfalls nicht zu beklagen. Und doch war es nicht eine böse Charakteranlage, die den Verkehr mit ihm so erschwerte, sondern sowohl die nervösen Krankheiten, als auch die zahllosen Quälereien und Zurücksetzungen, unter denen er so lange hatte leiden müssen, hatten eine gewisse Reizbarkeit in ihm hinterlassen. Der kleinste Umstand — das Summen einer Fliege — konnte ihn manchmal außer sich bringen. Doch dauerte der Anfall nicht lange; man mußte den Sturm vorbeilassen, dann kam die gute Seite wieder zum Vorschein. Er hatte etwas von Verneinungsgeist in sich. Auf fast alle Anliegen, mit denen man dem Herrn Direktor kam, hatte er die ständige Antwort: „Ça ne se peut pas" (das geht nicht an!) Geradezu instinktiv waren seine Abweisungen, oft noch ohne daß er wußte, um was es sich handelte. Unermüdlichem Drängen gab er jedoch nach, so daß ihm Boieldieu einmal scherzend sagte: „Schade, lieber Cherubini, daß Ihre zweite Antwort nie vor der ersten kommt". Seine Diener kannten ihn ganz genau. „Er ist ein gutherziger Brobian!" sagten sie und warteten ruhig, bis seine schlechte

Stimmung wieder verflogen war. Auch seine Schüler hatten unter der rauhen Außenseite das warm empfindende Herz gar bald herausgefunden und hingen mit großer Verehrung, ja Begeisterung an ihm. Wir erinnern nur an sein schönes Verhältnis zu Boieldieu, Batton und besonders Halévy. Um zwei Uhr ging er vom Konservatorium nach Hause. Bescheiden und anspruchslos wie sein ganzes Wesen war auch seine im dritten Stock des Faubourg Poissonièr Nr. 19 belegene Wohnung. Sein Schreibtisch stand am Fenster und in seinem Schlafzimmer stand dem Herde gegenüber ein kleines, von ihm sehr hochgeschätztes Piano von fünfeinhalb Oktaven aus der Fabrik von Sebastian Erard Müdigkeit und Ruhe kannte der thätige Mann nicht. Hatte er seinen Pflichten im Konservatorium genügt, so beschäftigte er sich mit dem Ausschreiben seiner eigenen Partituren oder schrieb zum Selbststudium diejenigen anderer Meister aus „Man kann immer etwas lernen", sagte er dabei. Wollte er sich wirklich einmal Muße gönnen, so beschäftigte er sich mit Blumenzeichnen oder botanischen Studien; denn er war ein ebenso guter Zeichner als Botaniker.

Ein sprechender Beweis von Cherubinis peinlicher Genauigkeit ist das Verzeichnis seiner Werke, von ihm selbst verfaßt und nach seinem Tode von Bottée de Toulmon veröffentlicht.

Sein Haus stand stets Gästen offen; er war ein treuer Freund, von entschiedener Unabhängigkeit des Charakters und voll Vorliebe für sarkastische Bemerkungen, die auch den Freund und Vertrauten nicht schonten. Dabei war er stets geneigt, das Talent anderer anzuerkennen und zur Geltung zu bringen. Eine Anekdote, die das beweist und dabei den ganzen Charakter dieses Mannes in seiner Schroffheit, Gutherzigkeit, Ehrlichkeit und Bescheidenheit zeigt, soll zum Schluß folgen. Ein Musiker, ein Mann von außergewöhnlicher Körpergröße, wollte seinen kleinen sehr begabten Sohn ans Konservatorium bringen. Um sich von Cherubini die Erlaubnis zu erbitten, fand er sich mit dem Kinde im Konservatorium ein und ward in einem der Vorsäle placiert, die, wie man wußte, Cherubini täglich auf seinem Rundgang durch die Klassen mit der Pünktlichkeit einer Uhr passierte. Cherubini kam, geriet durch den plötzlichen Anblick des ungleichen Paares außer Fassung und fuhr den Vater an: „Was wollen Sie hier? Glauben Sie, ich habe hier Ammen zu verdingen?" — und fort war er. Als auf ein letztes Rettungsmittel verfiel man auf folgenden Ausweg. Man setzte den Kleinen im letzten Klassenzimmer, das Cherubini besuchen würde, vor ein Piano und hieß ihn irgend etwas spielen. Nur solle er sich nicht darum kümmern, wer im Zimmer aus- und einginge. Gleich darauf kam Cherubini, sah das Kind spielen, setzte sich schweigend nieder und hörte aufmerksam zu. Als der Kleine mit dem Spiel fertig war, überhäufte ihn Cherubini mit Liebkosungen. Dann richtete er einige theoretische Fragen an ihn, die prompt beantwortet wurden. Jetzt konnte sich der Meister nicht mehr halten. „Bravo, mein kleiner Freund!" rief er; „doch warum bist du hier? Kann ich etwas für dich thun?"

„O ja," erwiderte der kleine Künstler unverzagt, „nehmen Sie mich ins Konservatorium auf."

„Das ist schon geschehen," sagte Cherubini freundlich; „du bist hiermit einer der unseren." Gut gelaunt verließ er darauf das Zimmer und erzählte seinen Freunden den Vorfall mit der Bemerkung: „Ich mußte mich in acht nehmen, nicht zu viel zu fragen, denn der Kleine hätte schließlich mehr Musik gewußt wie ich selbst."

Es geht eben mit Cherubini wie mit so vielen Leuten, die sich über das Mittelmaß erheben und deshalb nicht verstanden werden. Man muß einen solchen Charakter im ganzen beurteilen, um ihm Gerechtigkeit widerfahren zu lassen.

Ende.

Inhaltsverzeichnis.
(Cherubini.)

  | Seite
--- | ---
Erster Abschnitt (1773—86) | 5
Zweiter Abschnitt (1786—1814) | 14
Dritter Abschnitt (1814—1842) | 44

Aus Philipp Reclam's Universal-Bibliothek.
Preis einer Nummer **20 Pf.**

Musiker-Biographien.

uber. Von A. Kohut. 3389.　　　Lortzing. Von H. Wittmann. 2634.
ach. Von Richard Batka. 3070.　Meyerbeer. Von A. Kohut. 2734.
eethoven. Von L. Nohl. 1181.　 Mozart. Von L. Nohl. 1121.
ranz. Von Procházka. 3273/74.　Rossini. Von Dr. A. Kohut. 2927.
luck. Von Heinr. Welti. 2421.　Schubert. Von A. Niggli. 2521.
aydn. Von Ludw. Nohl. 1270.　 Schumann. Von R. Batka. 2882.
iszt. 1. Thl. Von L. Nohl. 1661.　Spohr. Von Ludw. Nohl. 1780.
iszt. 2.Thl.Von A.Göllerich. 2392.　Wagner. Von L. Nohl. 1706.
　　　　Weber. Von Ludw. Nohl. 1746.

Erinnerungen an Richard Wagner.
Von H. von Wolzogen.
Nr. 2831

Gesammelte Schriften über Musik und Musiker
von Rob. Schumann.
Herausgegeben von Dr. Heinrich Simon.
3 Bände. Nr. 2472/73. 2561/62. 2621/22.
Alle drei Bände in einen Band gebunden **1 M. 75 Pf.**

Musikalische Aphorismen.
Citate aus den Werken großer Philosophen, Schriftsteller und Tonkünstler. Gesammelt und herausgegeben von P. Girschner.
Nr. 2040. 2. Auflage. — In Ganzleinenband: **60 Pf.**
Höchst eleg. mit Goldschnitt geb. **1 M. 20 Pf.**

Kurzgefaßte Allgemeine Musiklehre
von C. A. Herm. Wolff,
Kapellmeister und Lehrer der Musik.
Nr. 3311. — Geb. **60 Pf.**

Allgemeine Musikgeschichte.
Populär dargestellt von **Dr. Ludwig Nohl**,
Dozent der Musikgeschichte an der Universität Heidelberg.
Nr. 1511/13. — In Ganzleinenband: **1 Mark.**

Handlexikon der Musik.
Eine Encyklopädie der ganzen Tonkunst
Herausgegeben von **Friedrich Bremer.**
Nr. 1681/86. — In Ganzleinenband **1 M. 75 Pf.**

Reclam's billigste Classiker-Ausgaben.

Börne's gesammelte Schriften. 3 Bände. Geh. 4 M. 50 Pf.
In 3 eleg. Leinenbänden 6 M.

Byron's sämmtliche Werke. Frei übersetzt v. Adolf Seuber
3 Bände. Geheftet 4 M. 50 Pf. — In 3 eleg. Leinenbänden 6

Goethe's sämmtl. Werke in 45 Bdn. Geh. 11 M. — In 10 ele
Leinenbänden 18 M.

Goethe's Werke. Auswahl. 16 Bände in 4 eleg. Leinenbdn. 6

Grabbe's sämmtliche Werke. Herausgegeben von Rud. Got
schall. 2 Bände. Geh. 3 M. — In 2 eleg. Leinenbänden 4 M. 20

Hauff's sämmtliche Werke. 2 Bände. Geheftet 2 M. 25 Pf.
In 2 eleg. Leinenbänden 3 M. 50 Pf.

Heine's sämmtliche Werke in 4 Bänden. Herausgegeben v
O. F. Lachmann. Geh. M. 3.60. — In 4 eleg. Ganzleinenbbn. 6

Herder's ausgewählte Werke. Herausgegeben von Ad. Ster
3 Bände. Geheftet 4 M. 50 Pf. — In 3 eleg. Leinenbänden 6

H. v. Kleist's sämmtliche Werke. Herausg. v. Eduard Grisebac
2 Bände. Geh. 1 M. 25 Pf. — In 1 eleg. Leinenband 1 M. 75

Körner's sämmtliche Werke. Geh. 1 M. — In eleg. Lnbb. 1 M. 50

Lenau's sämmtliche Werke. Mit Biographie herausgeg. v. Em
Barthel. 2. Aufl. Geh. 1 M. 25 Pf. — In eleg. Lnbb. 1 M. 75

Lessing's Werke in 6 Bänden. Geheftet 3 M. — In 2 ele
Leinenbänden 4 M. 20 Pf. — In 3 Leinenbänden 5 M.

Lessing's poetische und dramatische Werke. Geheftet 1 M. -
In eleg. Leinenband 1 M. 50 Pf.

Longfellow's sämmtliche poetische Werke. Uebersetzt v. Herr
Simon. 2 Bde. Geh. 3 M. — In 2 eleg. Leinenbänden 4 M. 20

Milton's poetische Werke. Deutsch von Adolf Böttger. Ge
1 M. 50 Pf. — In eleg. Leinenband 2 M. 25 Pf.

Molière's sämmtliche Werke. Herausgegeben v. E. Schröd
2 Bände. Geh. 3 M. — In 2 eleg. Leinenbänden 4 M. 20 Pf.

Schiller's sämmtliche Werke in 12 Bänden. Geh. 3 M. —
3 Halbleinenbbn. M. 4.50. — In 4 eleg. Leinenbbn. M. 5.40. —
4 Halbfranzbbn. 6 M.

Shakespeare's sämmtl. dram. Werke. Dtsch. v. Schlegel
Benda u. Voß. 3 Bde. Geh. M. 4.50. — In 3 eleg. Leinenbbn. M.

Uhlands gesammelte Werke in 2 Bänden. Herausgegeb
v. Friedr. Brandes. Geh. M. 2. — In 2 eleg. Leinenbbn. M